가정폭력에서 벗어나기

성평등 의식과 자립의지

이 도서의 국립중앙도서관 출판예정도서목록(CIP)은 서지정보유통지원시스템 홈페이지(http://seoji.nl.go.kr)와
국가자료공동목록시스템(http://www.nl.go.kr/kolisnet)에서 이용하실 수 있습니다.
(CIP제어번호: CIP2015026318)

가정폭력에서 벗어나기

성평등 의식과 자립의지

정춘숙 지음

한울
아카데미

책 을 내 며

/

이 책은 한국 사회에서 가정폭력의 심각함에 비해 가정폭력 피해여
성이 근본적으로 폭력에서 벗어날 수 있는 자립의지에 관한 정책적·
이론적·실천적 연구가 미흡하다는 문제의식에서 시작되었다. 이러한
이유로 이 책에서는 가정폭력 피해여성의 자립의지 수준을 알아보고,
자립의지에 영향을 미치는 요인을 성평등 의식, 사회적 지지, 가정폭
력 경험, 인구사회학적 요인의 다차원적인 측면에서 살펴본다.

조사 분석 자료는 여성가족부에서 실시한 '2013년 전국 가정폭력
실태조사' 중 '가정폭력 피해자 실태조사'로, 가정폭력 상담소 이용자
148명과 가정폭력 피해자 보호시설의 거주자 119명을 대상으로 설문
조사한 자료를 사용했다. 연구의 자료 처리는 SPSS WIN 18.0을 사용

했고, 빈도분석, 상관관계 분석, t 검증과 ANOVA(분산분석)를 실시했다. 마지막으로 각각의 요인과 자립의지의 인과관계를 알아보기 위해 다중회귀분석을 실시했다.

연구의 독립변수는 성평등 인식 요인(성역할 태도), 사회적 지지 요인(긴급임시조치권, 피해자보호명령제도, 현장출입조사권), 가정폭력 경험 요인(성장기에 부모로부터의 폭력 경험 유무, 성장기에 부모 간 폭력 목격 여부, 배우자의 가정폭력 수준, 배우자의 자녀폭력 수준), 인구사회학적 요인(연령, 교육 수준, 결혼 상태, 현재 직업 유무, 과거 직업 경험 유무, 자녀 수, 월평균 가계소득)이었고, 종속변수는 자립의지이다.

그 결과는 다음과 같다. 첫째, 가정폭력 피해여성의 자립의지 수준은 5점 만점에 평균 3.66으로 비교적 높게 나타났다. 또 자립의지에 영향을 미치는 요인 가운데 성평등 의식이 가장 많은 영향을 미치는 것으로 나타났다.

둘째, 가정폭력 피해자 보호제도에 대한 인지가 높을수록 자립의지가 높은 것으로 나타났다. 이는 가정폭력 피해자가 실질적인 도움을 구할 가능성을 높여주는 것이다. 이렇게 법에 명시된 사회적 지지는 가정폭력 문제가 개인의 잘못으로 발생하는 문제가 아님을 알게 해준다. 이는 피해자들이 가정폭력의 귀인을 바꾸어 자책으로부터 벗어날 수 있게 하는 중요한 요건이 된다.

셋째, 가정폭력 경험 요인에서 성장기에 부모로부터의 폭력 경험이 많을수록 자립의지가 높은 것으로 나타났다. 이는 폭력 경험이 적을수록 자립의지가 높을 것이라는 예상과는 상반된 결과였다.

넷째, 가정폭력 피해여성의 연령이 높을수록 자립의지가 높은 것으로 나타나 가정폭력의 특수성을 보여주었다. 그러므로 가정폭력 피해여성이 연령이 높다 하더라도 피해여성에 대한 교육과 훈련을 강화해 그들의 자립의지를 현실화할 수 있는 구체적 지원이 필요하다.

다섯째, 학력과 과거 직업 경험이 자립의지에 영향을 주는 것으로 나타났다. 이는 경제적 자립이 자립의지와 관련되어 있음을 보여준다.

이러한 결과를 기초로 가정폭력 피해여성의 자립의지 향상을 위해 몇 가지를 제언하고자 한다.

감사의 글

/

이 책은 지난 23년간 한국여성의전화에서 가정폭력·성폭력 상담과 회원·지부 조직 사업, 가정폭력방지법 제정 운동을 해냈던 나의 23년 여성운동가로서의 역사이다. 그 역사에 함께해주신 존경하는 선후배 님들과 친구들, 그리고 폭력 피해에서 살아남은 분들께 존경과 감사를 보낸다.

언제나 용기를 주시며 마지막까지 최선을 다하도록 이끌어주신 박영란 지도교수님과 따스함과 격려, 구체적인 제안으로 지도해주신 이원숙 심사위원장님, 김민정 교수님, 정재훈 교수님, 황정임 박사님께 정말 깊은 감사의 말씀을 드린다. 시작부터 마무리하는 그 순간까지 언제나 기꺼이 도움을 준 박사 과정 동기 김연신 박사님과 지성에게 깊은 감사의 마음을 전한다.

한국여성의전화의 수많은 사업과 사건 사고들을 훌륭하게 수행해 준 자랑스럽고 사랑하는 란희, 재재, 희진, 상희, 유미, 오선, 경남, 지원, 유연, 미주, 다겸, 슬기, 정, 단아, 선혜, 수리 선생님께 감사와 존경의 인사를 드린다. 오랜 세월 함께한 화영과 문채, 향순, 많은 도움을 주신 박경순 박사님과 나영, 혜연, 선희, 시진, 데레사 선생님께도 사랑과 감사를 보내고 싶다.

언제나 나에게 힘을 주시는 사랑하는 엄마 장정자 님께 감사드린다. 그리고 힘들 때도, 좌절할 때도, 기쁠 때도 언제나 함께해주는 고맙고 사랑하는 남편 최낙성 님에게 깊은 감사와 사랑의 마음을 보낸다. 사랑하는 아들 재혁에게도 미안하고 고마운 마음이 가득하다.

마지막으로 한국여성의전화 상임대표의 역할을 훌륭히 마치며, 이 책으로 지나온 역사를 정리하고 새로운 시작을 앞둔 나 자신에게도 칭찬과 격려의 박수를 보낸다.

2015년 10월

정춘숙

차 례

제 1 장

서 론

1. 연구의 필요성

'자립의지'는 가정폭력 피해여성이 폭력에서 벗어나 자립적인 삶을 살아갈 수 있게 하는 출발점이다. 또한 삶을 독립적으로 유지하게 하는 핵심 요인이다(정혜숙, 2013; McDonald and Dickerson, 2013). 그러나 국내에서 가정폭력 피해여성의 자립의지에 관한 관심은 상대적으로 적은 편이다.

이는 첫 번째로, 가정폭력에 대한 사회적 개입의 역사가 오래되지 않은 것에 그 원인이 있다. 우리 사회에서 가정폭력에 대한 문제 제기가 시작된 것은 1983년 한국여성의전화가 창립되면서부터였다. 우리보다 앞서 가정폭력 문제를 제기한 서구에서도 1960년대 이후에야 여성운동의 결과로 가정폭력에 대한 사회적 관심이 높아졌다. 여성운동가들은 여성 인권 침해의 가장 구체적이고 극단적인 문제인 여성을 향한 폭력에 대해 다양한 여성운동적 접근을 시도했다. 한국여성의전화에서 개원 기념으로 발표한 1983년 조사에 따르면 여성 708명 중 299명(42.2%)이 결혼 후 남편에게 폭력을 당했다고 한다. 이후 수많은 여성이 아내폭력으로 심각한 피해를 입고 있다는 조사 통계들이 발표되었다(김광일, 1990; 한국형사정책연구원, 1992; 김재엽, 1998). 이로 인한 살인 사건들은 가정폭력 관련 법 제정 운동으로 이어졌다. 1997년 '가정폭력범죄의 처벌 등에 관한 특례법(이하 처벌법)'과 '가정폭력 방지 및 피해자보호 등에 관한 법률(이하 보호법)'이 제정되면서 비로소 우리 사회에 가정폭력에 대한 국가 차원의 개입이 시작되었다.

두 번째로, 가정폭력 피해여성 연구에 가정폭력의 특수성이 반영되지 않은 문제점에 기인한다. 여성주의적 접근에서 본다면 가정폭력은 남편과 아내의 개인적인 갈등이 아니다. 가정폭력은 피해자의 대다수가 사회적·경제적 약자인 여성이다.[1] 다음으로 가정폭력은 특정 계층이나 일부의 인구군(群)에서만 나타나는 것이 아니라, 보통의 남성과 여성 사이에서 발생한다. 마지막으로 가정폭력의 결과로 여성에 대한 억압과 불평등이 지속되고 있기 때문에 개인적 갈등이라 볼 수 없다.

가정폭력 피해여성 자립 연구에서도 피해여성의 자립이 경제적 자

---

1 2010년 법무부의 통계를 살펴보면, 2009년 가정폭력 사건의 피해자 1만 2155명 중 여성이 81%를 차지하고 있다. 또 피해자와 가해자의 관계가 남편이나 아내인 사건 6004건 중, 남편이 아내에게 폭력을 행사한 경우가 전체의 97%에 이른다.

립(박희숙, 2002; 이주연, 2006)을 중심으로 논의되고 있는 점이 문제이다. 경제적 자립은 스스로 물질적 독립을 이루어 혼자 힘으로 살아나갈 수 있는 것을 말한다. 자립적 삶에서 경제적 자립이 필수 요소인 것은 분명하다. 그러나 가정폭력 피해여성의 자립을 경제적 자립에만 국한해 논하는 것에는 많은 한계가 있다. 가정폭력 피해여성들은 경제적으로 남편에게 의존만 하는 무기력한 존재가 아니다(이희연·박태정, 2010: 184). 피해여성 중에는 본인이 가족의 경제를 책임지는 경우도 많고, 경제적 독립이 가능한 사회적 자원을 갖고 있음에도 폭력 가정에서 떠나지 못하는 경우도 보게 된다. 또한 가정폭력 피해여성이 잠시 폭력 가정을 떠나 자립했다 하더라도 다시 폭력이 예측되는 가정으로 돌아가는 경우도 많다. 이는 가정폭력 피해여성의 자립을 위해 경제적 자립뿐 아니라 또 다른 측면의 접근이 필요함을 말해준다.

마지막 원인은 현장에서 피해여성 지원이 일시보호 중심으로 이루어진다는 문제이다. 가정폭력 처벌법과 보호법이 제정된 것은 가정폭력이 개인적인 문제가 아니며, 국가 공권력이 법률로 규율해야 하는 심각한 사회문제임을 천명한 것이다. 1998년 법 시행 이후 가정폭력 피해여성들에 대한 지원 체계가 만들어지기 시작했다. 1998년 18개소였던 가정폭력 상담소가 2014년 1월 현재, 가정폭력 상담소(이하 상담소) 196개소, 통합 상담소 10개소로 확대되었다. 가정폭력 피해자 일시보호시설(이하 보호시설)은 1998년 13개소에서 2014년 1월 70개소로 확대되었다(정춘숙 외, 2008: 30).

가정폭력 피해여성에 대한 지원은 보호시설을 중심으로, 당면한 위기 상황에 대한 상담과 치료 지원이 주류를 이루고 있다. 배우자의 폭력으로 인한 심리적·신체적 후유증으로 고통당하는 피해여성에게 당면 문제에 대한 지원은 당연하다. 그러나 지원 서비스가 현재의 위기 상황에 머무르다 보니 보호시설에서 퇴소하는 피해여성에 대한 공적 서비스는 전무하다시피 하다. 가정폭력 피해자 보호시설인 '쉼터' 이후의 삶에 대한 준비와 지원이 이루어지지 않는 것이다.

그러나 문제는 가정폭력 피해여성 중 상당수가 보호시설 퇴소 후 스스로 자신의 삶을 꾸려가야 한다는 데 있다. 2013년 가정폭력 피해자 실태조사에 따르면, 피해여성의 퇴소 시 상태는 남편과 별거, 이혼, 이혼소송 중인 경우가 전체의 44%에 이른다. 이는 가정폭력 피해여성 중 상당수가 퇴소 후 스스로 자신의 삶을 꾸려가야 함을 말해준다. 그러나 피해여성 자립을 위한 정부 지원은 2010년 5.9%, 2011년 4.1%, 2012년 2%로 계속해서 줄어들고 있다(여성가족부, 「가정폭력 관련시설 운영실적」). 가정폭력 피해여성의 자립을 위한 지원이 매우 필요한 상황인 데 비해, 정부의 지원은 오히려 줄어들고 있는 것이다. 가정폭력 피해여성들이 좀 더 근본적으로 가정폭력에서 벗어나 독립적인 인격체로 살아갈 수 있도록 정책과 서비스의 전환이 필요하다.

타인에게 의존하지 않는 주체적 삶은 누구에게나 중요한 일이다. 더욱이 자신의 삶의 통제력을 가장 가까운 사람의 '폭력'에 의해 훼손당한 피해여성에게, '자립'은 폭력에서 벗어날 수 있는 가장 중요하고 현실적인 대안이다. 자립의지의 강화는 가정폭력 피해여성의 의존성을 낮춰 피해여성이 또다시 가정폭력 상황에 놓이는 것을 예방할 수 있다. 가해자와 동거하는 피해여성의 경우에도 자립의지가 높을 경우 가정폭력에 적극적으로 대처할 가능성이 커질 수 있으므로 현재 가해자와 동거 중인 피해여성에게도 '자립의지'는 중요하다.

이와 같은 맥락에서 가정폭력 피해여성의 자립의지에 영향을 미치는 요인을 도출할 때, '성별화된 폭력(gender-based violence)'이라는 가정폭력의 특성에 주목할 필요가 있다. 이를 위해 선행 연구에서 밝혀진 인구사회학적 요인, 사회적 지지 요인과 함께 가정폭력의 특성인 성별성(性別性) 요인을 다차원적으로 검토할 것이다. 이를 통해 가정폭력 피해여성의 자립의지에 영향을 미치는 요인에 대한 실증적이며 새로운 차원의 분석과 연구를 진행할 것이다.

2. 연구의 목적 및 내용

따라서 이 책에서는 가정폭력 피해여성의 자립의지 수준을 확인하고, 가정폭력 피해여성의 자립의지에 영향을 미치는 요인을 밝히려고 한다. 이를 위해 먼저 제2장에서 가정폭력 피해여성이 당면한 문제인 가정폭력과 자립의지에 대한 개념을 정의한다. 다음으로 가정폭력과 가정폭력 피해여성, 가정폭력 피해여성의 자립과 관련된 이론을 비판적으로 분석한다. 그리고 선행 연구 검토를 통해 가정폭력 피해여성의 자립의지와 이에 영향을 미치는 요인을 추출한다. 제3장에서는 선행 연구를 통해 확인된 요인들을 검증하는 연구 모형과 가설을 제시한다. 제4장에서는 조사 대상의 선정과 검증할 각 변수의 내용과 측정 방법, 분석 방법을 제시한다. 제5장은 조사 대상자의 일반적 특징과 자립의지의 집단 간 차이, 자립의지에 영향을 미치는 요인들을 검증한다. 제6장인 결론과 제언에서는 가정폭력 피해여성의 자립의지에 영향을 미치는 요인을 제시하고, 사회복지적인 활용 방안을 제안한다.

제 2 장

이론적 배경

1. 개념 정의

1) 가정폭력의 개념 정의와 용어

(1) 가정폭력이란 무엇인가?

'가정폭력'의 정의는 다양하다. 먼저 '가정폭력범죄의 처벌 등에 관한 특례법'은 가정폭력을 "가정구성원 사이의 신체적, 정신적 또는 재산상 피해를 수반하는 행위를 말한다"라고 정의한다. 가정폭력의 대상은 남편을 포함한 가족구성원 누구나 될 수 있으며, 가정폭력의 범주는 신체적 폭력과 정신적 학대, 재산상 손괴 등을 포함하고 있다. 이는 가정폭력을 "가족구성원 중의 한 사람이 다른 가족에게 의도적으로 물리적인 힘을 사용하거나 정신적 학대를 통해 고통을 주는 행위를 말한다"라고 한 스트라우스와 겔스(Straus and Gelles, 1990)의 정의와 맥을 같이하는 것이다. 즉, 가정폭력이란 말은 가족구성원 사이에 발생하는 모든 폭력을 지칭하는 것으로 가정폭력의 대부분을 차지하는 남편에 의한 아내폭력이 드러나지 않는다는 점이 문제이다.

　이에 반해 페미니스트 관점은 가정폭력을 여성에 대한 인권침해이며 심각한 범죄행위로 규정했고, 가정폭력의 본질을 여성에 대한 남성 가부장의 지배로 보았다. 국제사회 역시 여성에 대한 폭력은 여성에 대한 차별로부터 오는 것이며, 가정폭력을 여성에 대한 폭력, 성별화된 폭력으로 정의하고 있다. 유엔인권위원회가 제정한 '가정폭력에 관한 모범 입법안(UN Commission of Human Rights: A Framework for Model Legislation on Domestics Violence)'은 유엔 여성폭력철폐선언의 정신에 따라 입안된 것이다. 이 입법안은 가정폭력을 가족구성원으로부터 가족 내 여성에게 가해지는 성별에 근거한(gender-based) 모든 신체적·정신적·성적 폭력행위라고 규정했다. 이처럼 유엔은 가정폭력을 여성에게 가해지는 '성별에 기초한 폭력'이라는 점을 명확히 하고 있다. 그것은 가정폭력이 개인 간의 우발적인 사건이 아니라 남성에 의한 여성폭력이라는 특성이 있다는 것이다. 가정폭력은 사사로운 가족 문제가 아니라 여성폭력과 남녀 차별을 지속시키고, 가족 내 폭력을 방치한다는 점에서 사회적 범죄라는 뜻이다(양현아, 2009). 이 입법안에서는 가정폭력을 '강력한 여성 억압 수단'으로 정의한다. 여성에 대한 폭력은 성 고정관념을 창출하고 유지시킬 뿐 아니라 전통적으로 여성이 주도해온 공간인 가정, 바로 그 안에서 여성을 통제하는 수단으로 이용되었다고 밝히고 있다(Radhika Coomaraswamy, 2000).

호주의 빅토리아 주 정부(2005)는 가정폭력을 "한 개인이 가족 혹은 현재나 과거에 친밀한 관계(intimate relationship)에 있는 사람에게 하는 반복적인 폭력과 위협 및 강제적이고 통제하는 행동"이라고 규정한다. 폭력적인 행동이란 육체적 공격뿐만 아니라 직간접적인 위협, 성폭력, 감정적·심리적 괴롭힘, 경제적 통제, 재산 훼손, 사회적 고립 및 두려움 속에서 살도록 하는 행동과 같이 일련의 권력과 통제력을 행사하는 방법들을 의미한다고 정의하고 있다. 아이시코비츠와 베일리(Eisikovits and Bailey, 2011)는 남자가 행사하는 폭력과 여자가 행사하는 폭력이 그다지 다르지 않다는 주장이 있으나 실제 폭력의 결과는 남성보다 여성에게 더욱 치명적이고, 여성이 외상 후 스트레스 장애(PTSD: Post Traumatic Stress Disorder)에 더 취약하며 공포를 잘 느낀다는 점, 더 심각하게 부상을 당한다는 점, 사회적으로 자립하기 어렵게 만드는 장벽이 남성보다 많다는 점에서 성별화된 폭력이라고 보았다. 가정폭력을 성별화된 폭력으로 정의 내린 전 세계적 규정은 가정폭력에 대한 성평등적·여성주의적 접근의 필요성을 더욱 강조하고 있다.[1]

---

1 1992년 유엔 여성차별철폐위원회(Committee on the Elimination of Discrimination Against Women)는 여성에 대한 폭력 일반권고(No.19)에서 젠더에 기반을 둔 폭력은 여성차별철폐협약 1항의 의미에서 차별이라고 지적했다. 비엔나 인권선언(1993)은 여

즉, 가정폭력은 성별화된 폭력으로 '한 개인이 가족 혹은 현재나 과거에 친밀한 관계에 있는 사람에게 행하는 지속적이고 반복적인 신체적·정서적·심리적·경제적·성적 폭력과 위협, 강제적이고 통제하는 행동'으로 정의할 수 있다.

(2) 용어

어떤 문제를 무엇이라 명명(命名)하고, 어떤 용어를 선택하는가는 그 문제에 대한 인식을 반영한다. 한국 사회에서 가정폭력(domestic violence)은 아내 구타(wife batter), 아내 학대(wife abuse), 아내폭력(wife violence), 가부장적 테러리즘(patriarchal terrorism) 등 여러 가지 이름으로 불려왔다. '가부장적 테러리즘'은 남편에 의한 아내폭력의 성격을 가장 잘 드러낸 용어이나, 여성에 대한 폭력 전반에 사용될 정도로 폭넓어 가정 내 여성폭력에 한정되지 않는다.

'아내 구타'는 여성폭력 근절 운동을 시작한 여성 단체들이 초기에 많이 사용한 용어이다. 그러나 물리적 폭력에 한정되는 문제점과 다양한 폭력의 실태를 포괄하지 못하는 한계가 있다. '아내 학대'는 사회적 고립, 가정으로의 구속, 경제적 박탈, 언어적 폭력 및 경멸과 같이

성에 대한 폭력행위에서 '가족 내에서 일어나는 신체적·성적·심리적 폭력: 구타, 가정 내 여자 아동에 대한 성적 학대, 지참금 관련 폭력, 혼인 시 강간, 여성 생식기 절단 및 기타 여성에게 해로운 전통적 관습, 배우자 외의 폭력, 착취에 관련된 폭력'을 가정 내에서 발생하는 폭력이라고 규정하고 있다.

아내 구타보다 포괄적이지만 심리적인 측면이 더 강조되는 듯하다는 지적이 있어서 널리 사용되지 않았다.

'아내폭력'은 남편에 의한 폭력의 성별성을 드러내며 신체적·정서적·언어적·성적 폭력을 포괄하기 때문에 널리 사용되었다. '가정폭력'이 성별 권력관계를 설명하지 못하는 명명인 것과 달리, '아내폭력'은 남편과 아내의 권력관계를 분명히 한다는 점에서 의미가 있다. 그러나 '아내'라고 칭함으로써 제도적 결혼관계에 있지 않은 동거·동성애 커플의 폭력을 포함하지 못하는 한계가 있다.

이원숙·박미선(2010)은 가정폭력 피해여성 집단 상담에서 '가정폭력'이란 용어를 사용했다. 그들은 '가정폭력'이라는 용어가 가정폭력 피해여성의 문제를 가족적·문화적·사회적 측면에서 좀 더 근원적으로 탐색하게 하고, 피해여성의 역량 강화에 도움이 된다고 보았다. 또한 사회에서 널리 사용되고 있는 '폭력'이라는 용어가 피해자들에게도 익숙하기 때문이라고 설명했다. 더불어 유엔에서 여성폭력을 사회문제로 규정한 것과 같이 가정폭력이 개인적인 문제가 아니라 사회문제라는 점을 부각시키는 데 도움이 된다고 했다.

이 책에서는 이원숙·박미선(2010)의 '가정폭력' 용어 사용의 이점에 더해서 '가정폭력범죄의 처벌 등에 관한 특례법' 정의에 아내에 대한 폭력이 포함되어 있고 아내폭력이 가정폭력 피해의 대부분을 차지하는 등의 이유로, 우리 사회에서 일반적으로 통용되고 있는 용어인 '가정폭력'을 사용하겠다.

2) 자립의 정의

자립(自立)은 스스로 섬, 즉 남에게 예속되거나 의지하지 아니하고 스스로 살아갈 수 있는 것을 말한다. 일반적으로 자립이라 하면 경제적 자립을 생각하기 쉽다. 그러나 자립의 정의는 그보다 포괄적이다. 맬루치오(A. N. Maluccio, 1990)는 자립을 '자기 충족적(self-sufficient)이고 독립적인 생활(independent living)을 할 수 있는 사람이 되는 것'이라고 정의했다.

김인숙(2011) 역시 자립을 포괄적으로 정의하고 있는데, '다른 사람으로부터 도움을 받지 않고, 자신의 의지와 능력에 따라 모든 것을 결정하고 행동하는 독립성'이라고 했다. 더불어 자신을 적절히 통제하여 타인에게 긍정적인 영향력을 행사하는 것을 뜻한다고 의미를 확장했다. 김인숙은 생계를 스스로의 힘으로 유지하는 경제적 자조부터 정서와 심리적인 독립까지를 자립의 정의에 포함한다. 할보르센(K. Halvorsen, 1998) 역시 자립을 경제적 자립으로 한정하는 것을 비판했다. 그는 '자립=취업'이라는 공식이 성립된 지 얼마 되지 않았으며 의존을 인격적 결함이라고 여기는 것은 미국식 태도일 뿐이라고 지적했다. 그는 자립이 경제적으로 자기 충족적인 것에 한정되고 있다며 자립을 경제적인 것으로 협소화하는 것을 비판하고, 능동적인 시민권 측면에서의 자립을 강조했다. 이렇게 다양하게 정의되고 있지만 타인에게 의존하지 않고, 경제적·정서적·사회적으로 자신의 문제를 스스로 해결하고, 공동체 일원의 역할을 할 수 있는 상태를 자립이라고 할 수 있다.

김명숙(2011)은 가정폭력 피해여성의 자립이란 '가정폭력 피해 경험이 있는 여성이 자신의 삶을 주도적으로 경영해 사회적 자원을 획득하는 한편, 긍정적인 상호작용을 통해 자존감을 형성하는 과정으로 궁극적으로는 심리적·신체적·사회적·경제적·문화적인 모든 면에서 책임 있는 자기 삶을 사는 과정'이라며 매우 포괄적으로 정의했다. 정혜숙(2013)은 가정폭력 피해여성의 자립을 경제적 자립뿐 아니라 '한 개인으로서, 부모로서' 스스로 만족하고 행복할 수 있는 정신적 자립 능력을 모두 갖추어나가는 '삶의 지속적 과제이자 과정'으로 해석했다. 이는 자립을 한순간의 '상태'가 아니라 '과정'으로 이해함으로써 자립을 지속할 수 있는 요인과 과정에 대한 관심을 강화했다. 이러한 논의들에 근거하면 가정폭력 피해여성의 자립이란 피해여성이 가정폭력에서 벗어나, 경제적으로 임금노동이나 사회 지원 서비스 등을 통해 필요한 자원을 스스로 충족하며, 사회적 고립에서 벗어나 사회적 관계를 회복하고, 정서적으로 누구에게든 의존하지 않고 독립적인 의사 결정과 행동이 지속적으로 가능한 상태이다. 자립을 한순간의 '상태'가 아니라 자립되어가는 '과정'으로 보는 관점이 많아지면서, 이를 유지시켜 주는 핵심 요인으로 자립의지의 중요성이 더욱 강조되고 있다(정재훈 외, 2013; 김명숙, 2011; 황정임, 2005). 국립국어원 표준국어대사전의 정의에 따르면 의지(意志)는 "어떠한 일을 이루고자 하는 마음"이다. 즉, 자립의지(自立意志)란 '자립을 이루고자 하는 마음'이라 할 수 있다.

자립의지는 심리적 측면이 강하고, 특히 정서적 자립이 경제적 자립의 중요한 동인이 된다(강정희, 2012). 최종혁·김수완(2012)은 공식화된 빈곤층의 자립의지에 관한 연구에서 자립의지가 있다고 해서 자립할 수 있는 것은 아니나, 자립의지는 자립을 예측해볼 수 있는 중요한 요소라고 강조했다. 또한 자립의지가 자립할 수 있는 역량, 직무 역량 및 문제 해결 역량과 매우 밀접한 관련이 있고, 이는 노동시장 진입 이후 생애에 걸친 경력 과정을 통해 누적된다고 설명했다.

자립의지를 자신감, 자아 통제, 근로 의욕으로 범주화한 박영란·강철희(1999)의 연구 이후 대부분의 자립의지 관련 연구들은 이 세 가지를 자립의지의 하위개념으로 삼고 있다(박명혜, 2009; 임은주, 2004). 자신감이란 자신의 능력이나 가치를 믿는 것으로, 어떠한 것을 할 수 있다거나 어떤 결과를 이루는 데 요구되는 행위를 성공적으로 수행할 수 있다는 확신이다. 자신감이 결여되면 개인이 원하는 결과를 얻기 위해 필요한 행위를 성공적으로 수행할 수 없다(김금열, 2002). 자신의 능력에 대한 신뢰와 해낼 수 있다는 확신인 자신감은 독립적인 삶의 가장 기초적인 요건이라 하겠다.

자아 통제는 개인이 자신의 행위를 관리 통제하는 기술로서 좀 더 크고 장기적인 목표 달성을 위해 행동을 제지하고 인내할 수 있는 능력, 사회적으로 적합한 행동을 인식할 수 있고 그에 따라 자신의 행동을 책임질 수 있는 능력을 의미한다(C. B. Kopp, 1982). 고트프레슨과 허시(Gottfredson and Hirschi, 1990)는 자아 통제 이론에서 자아 통제가 낮은 사람은 즉각적인 욕구 충족을 추구하는 경향이 있다고 했다. 자아 통제가 미래의 장기적인 이익을 위해 현재의 충동적 욕구와 고통을 지연시키게끔 하기 때문에 자아 통제는 자립의지 형성에 중요한 역할을 할 수 있다(강정희, 2012).

근로 의욕이란 부지런히 일하려는 적극적인 마음이며, 근로 의욕이 높은 경우 일하는 목표를 정하고 일한 만큼 소득을 벌 수 있다는 기대로 자립의지를 높이는 행동 결정에 중요한 기제로 작용할 수 있다(강정희, 2012). 즉, 근로 의욕은 경제적 독립을 이루는 선결 조건인 동시에 이를 통해 자기의 가능성을 재발견할 수 있는 심리적 장치라고도 할 수 있다(김명숙, 2008).

지금까지의 논의를 종합해볼 때 가정폭력 피해여성의 자립의지란 '가정폭력 피해여성이 가정폭력 상황에서 벗어나 자신감, 자아 통제, 근로 의욕을 가지고 배우자나 타인에게 의지하지 않고 주체적 삶을 이루고자 하는 마음'으로 정의할 수 있다.

2. 가정폭력 관련 이론

가정폭력 피해여성의 자립의지에 영향을 미치는 요인을 탐색할 때,

가정폭력의 발생과 지속 원인에 관한 이론을 이해하는 것은 매우 중요하다.

이희연·박태정(2010)은 가정폭력 피해여성의 사회적 배제에 관한 연구에서, 연구 참여자들의 가정폭력 경험이 개별적이고 특수한 사례가 아니라 마치 한사람의 경험으로 혼동될 정도라고 했다. 이들의 연구는 가정폭력 피해여성들이 몰성적(gender blind) 사회와 가부장적 가치관에 의해 조작된 여성성을 강요당한 채 심각한 사회적 배제를 경험한다고 설명한다. 이렇게 다른 사례가 같은 경험처럼 보이는 것은 그 폭력의 뿌리가 가부장적인 사회구조에서 생겨난 성별화된 폭력이기 때문이다.

남성에 의한 여성폭력의 성별성을 김성언(2010)은 폭력 피해와 성차를 다룬 연구에서 구체적으로 밝히고 있다. 여성은 남성에 비해 지속적·반복적으로 폭력 피해를 입을 가능성이 높고, 남성에 비해 친척이나 전남편 등 가족에게 피해를 당하는 경우가 많다는 것이다. 폭행이나 협박·괴롭힘의 경우, 남성이 가해자인 경우가 50%이고 여성이 피해자인 경우는 76.9%였다. 이에 반해 여성이 가해자인 경우는 14.3%이고 남성이 피해자인 경우는 40%로, 남성이 가해자인 비율보다 훨씬 크다고 밝혔다. 이것은 여성과 남성 간의 폭력 문제에서 남성은 가해자, 여성은 피해자라는 '성별화' 현상이 나타나고 있음을 보여주는 것이다.

양현아(2009)는 성별화된 폭력 개념은 가정폭력에 대한 새로운 이해방식을 제공한다고 말한다. 젠더화된 폭력 개념에서 말하듯 여성이 신체적으로 약하거나 경제적으로 열악해서 가정폭력이 발생하는 것이 아니라, 가정폭력으로 인해 여성이 약해지고 통제된다는 논리의 전환을 이뤘다는 것이다. 이러한 분석은 가정폭력이 일탈적 개인에 의해 자행된 사건이 아니며 성차별적인 젠더 시스템에서 발생하는 사회구조적 문제임을 분명히 하고 있다.

가정폭력을 성별화된 폭력의 관점에서 설명하는 대표적인 이론이 페미니스트 이론(Feminist Theory)이다. 페미니스트 이론은 성별(gender)과 힘(power)에 초점을 두고 가정폭력을 설명한다(Yllo, 1993). 페미니스트 이론은 가정폭력을 가부장적 사회구조와 이데올로기 내에서 남성이 여성을 통제하고 지배하는 수단으로 이해한다. 즉, 힘과 통제(power and control)가 가정폭력의 본질이라는 것이다.

남성에 의한 여성폭력은 결코 개인적이거나 가정적인 문제가 아니며 이것은 역사적·문화적으로 존재해온 남성 지배 체계의 발현이자 정치적인 문제이다(Dobash and Dobash, 1979). 월비(Walby, 1996) 역시 남성의 여성폭력은 그 자체가 여성에 대한 권력의 형태이며, 정치 경제 등 다른 분야에서 일어나는 여성 차별, 가부장적 질서, 문화의 특성에 따라 크게 영향을 받는다고 분석했다. 그리고 범죄라고 이름 붙일 수 있는 여성폭력에 국가가 개입하지 않고, 가정 내 폭력을 피할 수 있는 물리적 수단에 접근하기 어렵다는 점을 고려하지 않으면 남성에 의한 여성폭력이 이해될 수 없다고 설명했다.

가정폭력을 성별 권력의 문제로 본 페미니스트 이론에 반해, 남성이 행하는 폭력이나 여성이 행하는 폭력이 모두 같다는 성 대칭(sex symmetry) 관점이 있다. 이에 대해 페미니스트 이론가들은 다양한 논거를 제시하며 가정폭력이 성별 권력의 문제임을 논증하고 있다(E. Stark, 2010; M. P. Johnson, 2010; K. L. Anderson, 2005).

앤더슨(K. L. Anderson, 2005)은 젠더에 대한 구조주의적 접근에 대해 설명하고 있다. 여성과 남성이 폭력 범죄에 대해 각기 다른 제약을 만나는 방식과, 그 관계를 떠나거나 폭력 중단에 따르는 장애물에 맞서는 방식들을 이해하는 데 구조주의 젠더 이론이 필요하다고 설명한다. 구조주의 젠더 이론은 젠더와 친밀한 관계에서 일어나는 폭력을 충분히 이해하려면 사회생활에서 적용되는 젠더의 방식들에 대해 이해해야 한다고 제시한다.

그는 남성은 여성보다 폭력을 효과적으로 사용하는 법을 배울 기회가 많고 격려된다고 지적했다. 또한 친밀한 관계에서의 폭력은 젠더 불평등이라는 더 큰 시스템 때문에 여성과 남성의 차이를 일으킨다고 설명하고 있다. 친밀한 관계에서 일어나는 폭력에 대한 피해는 남성보다 여성에게 더 부정적인 심리적 결과를 낳는다고 말한다. 이는 존슨(Johnson, 2010), 김재엽(2010)의 연구 결과(여성가족부 가정폭력 실태조사)와도 일치한다.

젠더에 대한 구조주의적 접근은 여성과 남성이 젠더 불평등에 따라 조성된 사회 내에서 각기 다른 상황에 놓여 있기 때문에 파트너 폭행을 다르게 경험할 것이라고 설명한다. 이 인식은 범죄율과 피해율이 성별에 따라 다르지 않더라도, 피해의 결과로 다른 구조적 기회들과 제약들을 마주하게 되기 때문에 남성과 여성이 다르다고 말한다.

존슨(Johnson, 2010)은 남성에 의한 여성폭력을 크게 친밀한 관계 속의 공포, 즉 폭력적·강압적 통제와 상황적 커플 폭력으로 나누었다. 허민숙(2012)은 존슨(Johnson, 2010)의 가정폭력 유형화 논의가 여전히 '누가 폭력을 사용하는가?'라는 질문에 초점을 두어 폭력의 책임을 '개인화'하는 경향에 우려를 표한다. 폭력의 책임을 '개인화'하는 것은 가정폭력이 가정 안에 있는 성별 권력 관계에 따른 힘과 통제의 문제라는 것을 간과한다고 비판한다. 심각한 신체적 피해를 중심으로 폭력적·강압적 통제와 상황적 커플 폭력을 분류하는 것은 피해자들이 자신의 피해를 축소하게 해 적절한 사회적 지원을 받지 못하게 하며, 신체적 피해가 없어도 경험할 수 있는 공포의 문제를 은폐시키게 된다는 것이다. 허민숙은 성차별주의가 여성 학대와 관련되는 것을 '젠더수행'이라고 집약했다.

이렇듯 가정폭력의 '성별성'이라는 특징은 가정폭력을 극복하는 과정에서 성별에 대한 새로운 인식체계의 구축이 필요함을 말해준다. 페미니스트 이론은 개인과 가족의 문제가 아니라 개인과 사회의 관계 속에서 가정폭력 문제를 거시적으로 바라볼 수 있게 했다. 또한 가정폭력 최대 피해자인 여성의 입장에서 가정폭력 발생 원인의 본질에 접근할 수 있도록 했다. 가정폭력의 원인과 지속 과정을 젠더적 측면에서 바라보는 것은, 가정폭력 피해여성의 자립과 자립의지 고취를 위해 사회구조적 변화가 동시에 이루어져야 함을 시사한다. 여성 개인의 자립은 여성에 대한 사회 인식 변화, 사회적 지위의 변화와 아울러 여성이 한 사회의 온전한 구성원으로 받아들여져야 가능해진다.

이 책에서는 가정폭력의 주요한 특성인 '성별성'에 주목하며, 가정폭력 피해여성의 자립의지를 연구 문제로 삼은 만큼 페미니스트 이론에 기반을 두고 가정폭력 문제를 다룬다. 이와 함께 기존의 연구들과 달리 가정폭력 피해여성들이 경험한 '폭력'에 초점을 맞추어 이에 따른 자립의지의 차이를 보고자 한다. 이러한 이유로 가정폭력의 영향력을 설명하기에 유용하다고 여겨지는 사회학습이론(Social Learning Theory)에 근거해 성장기 가정폭력 경험을 살펴볼 것이다.

사회학습이론은 1973년 밴듀라(A. Bandura)가 구축한 이론으로, 폭력적 행동도 다른 행동들과 마찬가지로 환경을 통해 관찰하고 배운 학습의 산물로 보는 관점이다. 가정은 다양한 역할을 배우며 스트레스와 좌절된 욕구에 대처하는 방법을 습득하는 장이다. 성장 과정에서 부모나 의미 있는 타자(significant other)가 폭력을 통해 스트레스나 좌절된 욕구를 해결하는 것을 보고 자란 아동은 폭력을 정당화할 뿐만 아니라 문제 해결의 수단으로 학습하기 때문에 성인기에 폭력을 행사할 가능성이 높다는 것이다.

베스와 데비(Beth and Debby, 2010)는 가정폭력이 일어나는 가정의 남자아이들은 가해자가 될 가능성이 높고, 여자아이들은 피해자가 될 가능성이 높다고 보았다. 그들은 이러한 경향이 생물학적인 성(sex)의 문제가 아니라, 전통적인 성별(gender)의 기준이 가정폭력 발생과 해결의 틀을 만들기 때문이라고 주장했다. 이 연구에서 상담가가 아동들에게 성평등적 학습을 권유했지만 아동들은 자신의 성평등적 태도가 친구들 사이에서 어려움을 겪을 것을 우려하며 거부했다. 이는 성별화된 사회 안에서 생존하기 위해 개인들이 사회의 전통적인 젠더 기준을 따르게 됨을 보여주는 것이다.

그러나 폭력 가정에서 성장한 사람이 모두 가정폭력 가해자나 피해자가 되는 것은 아니다. 크리스토펄러스와 동료들(C. Christopoulous et al., 1987)은 학대받는 여성들과 아이들 40명씩, 일반 가정의 여성들과 아이들 40명씩, 총 160명을 대상으로 개인과 가족의 적응에 대해 비교분석했다. 분석 결과 학대받는 여성의 아이들에게 다양한 문제가 있기는 했지만, 소년들이 모두 과잉 공격성을 지니지는 않았고, 소녀들은 희생자같이 행동하지 않는 것으로 나타났다. 이러한 결과는 양친의 갈등이나 폭력을 목격하는 것이 가정폭력 가해자나 피해자가 되는데 즉각적인 영향을 미친다는 가설과 폭력의 세대 간 연속성에 대해 의문을 제기하게 했다. 한편 김기환(1995)은 아동 학대가 세대 간에 전승되지 않는다고 증명한 생태학적 연구에서 아동 학대가 부모로부터 학대받은 경험에 의해서 세대 간으로 전승되기보다는 현재 가정환경 내에 있는 위험 변인들 간 상호작용으로 일어나는 가족 역기능의 결과라고 보고한다.

선행 연구를 토대로 아동기 학대 경험이라 볼 수 있는, 성장기에 부모로부터의 폭력 경험과 부모 간 폭력을 목격하는 것이 가정폭력 피해여성의 자립의지에 어떠한 영향력을 주는지 살펴볼 것이다.

3. 가정폭력 피해여성 관련 이론

1) 가정폭력 피해여성에 관한 국내외 연구 동향

가정폭력 피해여성에 대한 연구는 국내외 모두 다양하고 폭넓게 진행되고 있다. 세 가지로 구분하자면 첫째, 가정폭력 피해여성이 떠나거나 머무는 조건에 관한 연구들이다(H. Javaherian et al., 2007; K. M. Chronister et al., 2009; J. C. Chang et al., 2010; P. Ponic et al., 2011; P. S. Nurius et al., 2011; 김주현, 2006; 박언주, 2010a). 가정폭력 피해여성이 왜 폭력 가정에 머무는가, 어떤 요소가 이들을 폭력 가정에서 벗어나게 하는가는 가정폭력 피해여성 연구의 중요한 이슈이다.

루텐바허와 그 동료들(Lutenbacher, Alison and Julia, 2003)은 가정폭력 피해에서 살아남은 사람들은 주거, 이동 수단, 아동보호, 교육, 재정 등 다양한 영역에서 어려움을 겪으며 이러한 문제들이 가정폭력 가해자와의 폭력 관계로부터 벗어나기 어려운 이유라고 했다. 크로니스터와 맥허터(Chronister and McWhirter, 2003) 역시 가정폭력 피해여성이 학대하는 파트너로부터 피해 있지 못하게 하는 가장 큰 요인은 경제적 자원의 부족, 사회적 지지 네트워크의 약화, 자신과 아이들에게 다른 삶을 만들어줄 수 없을 것이라는 낮은 자기 효능감이라고 했다. 팬슬로와 로빈슨(J. L. Fanslow and Robinson, 2010)은 사회적으로 남성과 여성이 부여받은 역할 등이 여성들이 폭력적인 관계에서 벗어날 수 없게 하는 이유라고 서술했다. 가정폭력 피해자들이 도움을 요청하는 과정과 이들을 지원하기 위한 노력들은 상당히 급박하게 이루어지며, 이러한 도움체계나 대응체계를 설립할 경우에 피해자의 욕구에 기반을 두어 활발하고 즉각적인 노력이 이루어져야 함을 강조했다. 가정폭력 피해여성들은 피난처(가정폭력 피해자 보호시설)가 매우 유용하다고 했지만 가정폭력 피해여성의 일부분만이 피난처를 경험했다고 보고되었다.

맥러드와 그 동료들(McLeod, Hays and Chang, 2010)은 가정폭력 피해여성의 자원에 인적 자원·지역사회 자원으로 지속적인 건강보호센터, 사회 네트워크를 포함했으며 자기교육, 가정폭력에 대한 인식, 가정폭력 피해에 대한 스크리닝(screening), 지역사회 보호, 법적 지원 등이 도움이 된다고 했다. 연구 참여자들은 가정폭력 피해자를 비난하고, 가정폭력 가해자의 근처에 남아 있게 하는 것 등은 가정폭력 피해여성을 지원하는 데 유용하지 않다고 답했다.

김주현(2006)은 근거 이론 방법으로 가정폭력 피해여성이 폭력에서 벗어나는 과정을 연구했다. 가정폭력 피해여성 13명을 연구한 결과 가정폭력에서 벗어난 네 가지 유형을 제시하면서 각 유형에 따른 차별화된 개입 방법이 필요하다고 제안했다. 적극적으로 외부 도움을 요청하는 그룹에는 물질적 지원뿐 아니라 심리사회적 개입이 필요하고, 남편과 함께 살기를 원하는 경우는 여성이 삶을 주도할 수 있는 방향으로 개입이 이루어져야 한다는 것이다. 자신의 성장을 도모하는 경우에는 이혼 후 자녀 양육 등 사회적 성장을 지원하는 개입이 필요하고, 장기간 폭력을 경험한 그룹에는 폭력 피해를 최소화하도록 돕고 물리적 분리 이후에는 정서적 지지 체계 조성이 필수적이라고 강조했다. 가정폭력 피해여성이 폭력 가정을 떠날 수 있게 해주는 요인은 쉼터와 같은 사회적 주거의 확보, 경제적 지원, 지역사회의 보호와 네트워크의 강화였다. 이와 더불어 가정폭력에 대한 인식과 전통적인 여성 역할에 대한 변화 등이 있었다.

둘째, 가정폭력 피해여성들의 역량 강화 요인과 프로그램에 관한 연구가 있다(Chronister and McWhirter, 2003; A. Kasturirangan, 2008; 신영화, 1999; 이갑순, 2005; 박애경, 2008). 테일러(J. Y. Taylor, 2004)는 가정폭력 피해를 입은 아프리카계 미국 여성 21명을 대상으로 한 민족지 연구에서 살아남은 자가 되기 위한 여섯 가지 훈련 주제를 찾아냈다. 그 내용은 ① 침묵을 멈추고 비밀을 공유해 다른 사람들과 가정폭력에 대한 정보와 경험을 나눔, ② 자아 인식을 변화시켜 스스로를 가해자와 편향적인 사회로부터 분리해 정의, ③ 영적이고 감정적인 자아를 돌보고 복원해 영혼을 치유, ④ 용서를 통한 자기 치유, ⑤ 앞으로의 삶에 대한 영감을 발견하고 미래를 낙관적으로 봄, ⑥ 사회 변화를 촉진하는 사회운동에 참여함으로써 자아를 생성함이다. 카스투리란간(A. Kasturirangan, 2008)은 가정폭력 피해여성의 역량 강화를 위한 프로그램 모색에서, 시혜나 서비스의 결과로 역량이 강화된다고 봐서는 안 되며 가정폭력 피해여성 스스로가 참여하는 과정으로 봐야 한다고 규정했다. 역량 강화 과정에 참여함으로써 여성들은 자신이 자신의 삶을 통제·지배한다는 느낌을 받을 수 있어야 한다는 것이다. 가정폭력에 대처하기 위해 고안된 프로그램은 '역량 강화의 3원리'에 기초해야 한다. 역량 강화의 3원리란 자기결정(self-determination), 분배 정의(distributive justice), 협력적이고 민주적인 참여(collaborative and democratic participation)이다.

박애경(2008)의 연구는 역량 강화 프로그램 중 하나인 인지행동 프로그램이 피해여성들의 자아존중감 향상에 도움이 된다는 결과를 도출했다. 인지행동 프로그램은 특히 전통적·가부장적인 가정과 폭력 가정에서 만들어진 낮은 자아존중감을 향상시킨다고 보고했다. 또한 여성들의 낮은 자존감을 높이고 무력감을 완화할 수 있는 수단으로 여성의 권리를 일깨우고 그들이 가진 경제적·사회적 환경 개선을 위한 자원 통합 프로그램을 제언했다.

다양한 프로그램을 제공하는 것 못지않게 프로그램 제공 관점에 대한 연구들도 이루어졌다. 신은주(1995)와 김인숙(1997) 등은 가정폭력 피해여성에 대한 프로그램 진행에서 여성주의적 관점이 중요함을 제기했다. 김인숙(1997)은 가정폭력이 사회구조적 문제이기 때문에 가정폭력 피해자 보호시설 운영의 관점도 사회구조적 접근을 할 수 있어야 한다고 제안했다. 이와 함께 우리나라의 가정폭력 피해자 보호시설이 여성주의적 인식 수준이 낮음을 문제로 지적했다. 이렇게 가정폭력 피해여성의 역량 강화와 관련된 연구들은 역량 강화를 권리로 이해해야 하며 프로그램의 집행뿐 아니라 관점도 중요하다고 제기한다. 또한 피해여성의 가부장적 의식의 변화와 경제적·사회적 환경 변화의 중요성을 지적하고 있다.

셋째, 가정폭력 피해여성의 직업 경험과 자립에 관한 연구들이다 (Pyles and Banerjee, 2010; McDonald and Dickerson, 2013). 가정폭력 피해여성 9명에 대한 질적 연구를 진행한 파일스와 바네르지(Pyles and Banerjee, 2010)는 가정폭력 피해여성들의 직업 경험을 능력 접근법 (capabilitiea approach)으로 살펴보았다. 연구 결과 가정폭력 피해여성 모두에게 공식적이든 비공식적이든 어떤 부문에서 일을 했던 경험이 역량 강화, 자존감, 책임감, 사회적 연결고리를 주었음을 밝혀냈다. 로이드(S. Lloyd, 1997)는 가정폭력이 장기적으로 여성의 사회적·경제적인 지위를 낮추고 취업 성취를 저하시킬 수 있는 것으로 보이나 고용 상태 자체에 영향을 미치지는 않는다는 결과를 발표했다. 웨터스턴과 그 동료들(K. B. Wettersten et al., 1997)은 가정폭력은 직업을 유지하는 능력과 직업의 집중력을 포함한 여성의 직업 생활에 지대한 영향을 미친다고 제시했다. 또 자녀, 외부 장애, 그리고 지역사회의 자원이 취업이나 의미 있는 고용을 유지하는 여성의 능력을 촉진하거나 방해한다는 결과를 발표했다. 스완버그와 동료들(Swanberg, Logan and Macke, 2005)은 친밀한 관계에서의 폭력이 일하는 것을 막지는 않지만, 안전을 위해 직업을 떠나야 할 필요가 있기 때문에 장기적으로 안정적인 직업 유지가 어렵다고 했다. 가정폭력 피해여성들의 직업 경험은 모든 측면에서 피해여성들에게 긍정적인 영향을 미친다. 그러나 가정폭력 피해여성들은 폭력으로 인해 직업을 유지하기 어려운 상태이다.

크로니스터와 그 동료들(K. M. Chronister et al., 2009)은 가정폭력에서 살아남은 자의 직업 상담 서비스 접근의 맥락적 장애물과 지지 요인들을 연구했다. 가정폭력 피해여성들은 학대로 인한 감정적 결과, 새로운 상황에 대한 두려움, 다른 사람들의 판단, 현실적 제약이 직업 프로그램에 접근하고 이를 완수하는 데 장애물이 된다고 했다. 가정폭력 피해여성들이 가정폭력 현장에서 벗어나더라도 그 영향력은 장기간 지속되어 직업훈련에 어려움을 주는 것으로 나타났다.

가정폭력 피해여성의 직업발달(vocational development)에 장애가 되는 요소는 가해자가 피해자를 고립시키는 것, 가정폭력 후유증, 사회적 낙인과 오해, 다양한 현실적 제한과 관련된 직업 서비스 접근의 장벽, 부족한 시간과 의무, 보육 서비스의 제약 등이다. 가정폭력 피해여성을 위한 이 직업 상담 서비스 접근은 매주 자신의 목표에 집중할 수 있는 시간과 다른 사람들과의 대화, 구체적인 정보와 도구, 유연한 프로그램과 개인에 맞춘 직업발달 도움, 다른 가정폭력에서 살아남은 자들과 함께 직업 도움을 받는 것 등의 지지 요인이 있다. 직업 프로그램 이수의 동기 부여, 자신에 대한 타당성과 자긍심을 고취하도록 돕는다.

이상으로 가정폭력 피해여성과 관련된 국내외 선행 연구를 검토한 결과, 가정폭력 피해여성이 떠나거나 머무는 것에 대한 연구와 역량 강화와 관련된 연구가 많음을 알 수 있었다. 최근 들어 국내에서 가정폭력 피해여성의 자립의지와 자립 과정에 관한 연구(박명혜, 2009; 김명숙, 2011, 정혜숙, 2013)도 이루어지고 있다. 그러나 상대적으로 국내에서 가정폭력 피해여성의 자립이나 자립의지와 관련된 연구는 미흡한 편이다. 따라서 이에 대한 실증적 연구의 확대가 필요함을 알 수 있었다.

2) 가정폭력 피해여성에 대한 두 가지 관점

가정폭력 피해여성에 대한 관점은 크게 두 가지 방향으로 이루어져 왔다. 하나는 학습된 무기력 이론(theory of learned helplessness)이고 다른 하나는 살아남은 자 이론(survivor theory)이다.

워커(L. E. Walker, 1997)는 가정폭력 피해여성의 심리 치료에 여성주의적 관점을 반영했다. 워커의 가정폭력 피해여성의 '학습된 무기력 이론'은 자신이 통제할 수 없다고 여기는 폭력에 지속적으로 노출

됨으로써, 수동적이고 무기력해져 시간이 갈수록 폭력에 반응하거나 탈출하려는 노력을 포기하게 된다는 것이다. 그는 120명 이상의 여성을 심층 면접하면서 얻은 데이터를 바탕으로 가정폭력 피해자에 대한 그동안의 '신화'에 도전했다. 가정폭력이 극소수 특별한 여성의 문제가 아니며, 그들은 피학대음란증 환자나 미친 사람이 아니고, 가정폭력 가해자 역시 병적인 성격을 가진 이상한 사람이 아니라는 것이다. 워커는 연구를 진행하면서 개인의 심리적 접근이 아닌 사회심리적 접근의 필요성을 지적했다. 학습된 무기력 이론은 그동안 피해자들이 가해자의 화를 돋우어 폭력이 발생한다는 '피해자 비난'에 대한 비판적 설명의 근거를 제시했다. 또한 가정폭력 피해상황에서 희생당하는 여성들이 겪는 고통에 대해 이해하게 했다. '긴장 구축 시기 → 심한 구타행위(폭발) → 친절하고 다정하게 대하는 시기(화해) → 긴장'으로 연속되는 폭력의 주기 이론(cycle theory of violence)은 피해여성이 폭력에 희생되어가는 과정을 설명하고 있다. 폭력의 주기 이론은 폭력 상황에서 벗어나지 못하는 것이 피해여성의 문제가 아니라는 설명을 가능하게 했다.

폭력을 당한 피해여성들은 자발적 통제력을 상실하며 만성적인 우울, 불안, 공포에 시달리게 된다. 이른바 '매 맞는 여성증후군(Battered women syndrom)'이다. 가정폭력 피해자가 겪는 폭력이 베트남 참전 용사만큼의 내적 상처를 준다는 연구 결과는 폭력 피해여성들이 겪는 고통을 가늠케 했다(주디스 허먼, 1997: 65). 이렇게 가정폭력 피해여성들은 학습된 무기력에 의해 매우 수동적이고 의존적인 모습으로 인식되었다. 그러나 실제 가정폭력 상담소나 보호시설에 와서 도움을 요청하는 여성들을 보면 남편의 엄청난 폭력을 견디며 자녀들과 자신의 삶에 책임 있는 주체로 살고자 하는 경우가 많다.

학습된 무기력 이론은 가정폭력 피해여성을 '피해자화(victimization)'함으로써 가정폭력 피해여성의 주체성을 훼손하며 본래 의도와 달리 가정폭력을 개인의 심리 내적인 문제로 봤다는 비판에 직면하게 된다(Dobash and Dobash, 1981). '피해자'로 정체화된 가정폭력 피해여성들은 오직 불쌍한 피해자의 모습만 강요당하며, '피해자다운 피해자'가 아닐 경우 피해 사실조차 의심받는다. 또한 잔혹한 신체 폭력 중심의 가정폭력에 대한 이해는 정서적·경제적 폭력을 가볍게 취급하게 했으며, 피해자들이 자신의 폭력 피해를 최소화하게 했다.

잔혹한 신체 폭력을 중심으로 한 피해자 담론은 가정폭력의 피해가 얼마나 심각하고 위중한지를 보여줌으로써 가정폭력이 중요한 사회적 문제임을 부각시키기는 했지만, 가정폭력의 범주를 축소하는 문제가 있다(허민숙, 2013).

가정폭력 피해자의 행위성을 설명하기 어려운 학습된 무기력 이론을 대신한 것이 '살아남은 자 이론'이다. 호프(L. A. Hoff, 1990)는 가정폭력 피해여성이 폭력적인 관계를 떠나지 못하는 것을 정신이상과 심리적 무력감이라기보다 생존의 기술이나 전략을 위한 주체적 판단에 기인한 것으로 설명했다. 곤돌프와 피셔(Gondolf and Fisher, 1988)는 가정폭력 피해자들이 폭력 상황을 떠나지 못하는 것은 그들의 의지가 부족해서가 아니라 사회적 지원이 부족하기 때문이라고 했다. 살아남은 자 이론은 가정폭력 피해여성에 대해 가정폭력 속에 있으면서도 견뎌내고 자녀를 돌보며 살아낸 자의 이미지를 중심에 놓고자 한다. '피해자'에서 '살아남은 자'로의 전환은 가정폭력 피해여성이 폭력 관계에 머물러 있거나, 폭력 가정으로 돌아가는 것에 대한 새로운 해석을 가능하게 한다. 가정폭력 피해여성의 행위성에 대한 맥락 이해를 가능하게 하는 것이다. 살아남은 자 이론은 가정폭력 피해여성에게 '살아남은 자'의 자부심을 갖게 했고, 가정폭력 피해여성의 행위자성을 드러내는 것에는 성공적이었다.

그러나 이원숙·박미선(2010)은 피해자와 살아남은 자 중 그 어느 하나가 가정폭력 피해여성을 대변하지 못한다고 했다. '피해자' 혹은 '피해여성'은 폭력의 책임이 여성에게 없다는 것을 인식시키며, '살아남은 자'라는 용어는 피해여성의 강점을 부각시키고 희망과 용기를 북돋을 수 있다며 피해자와 살아남은 자를 병용하고 있다. 젠킨스(P. J. Jenkins, 1996)는 가정폭력 피해여성을 '희생자이지만 자신의 삶에 충실하려는 적극적인 참여자이며, 두려움에 떨면서도 스스로의 인생을 구하기 위해 끊임없이 노력하는' 존재라고 묘사했다. 슈나이더(E. M. Schneider, 2000)도 가정폭력 피해여성을 완벽한 피해자와 완벽한 살아남은 자라고 정의하는 추상성은 현실을 반영하지 못하며, 피해자와 주체자로서의 상태와 가능성은 그들이 처한 다양한 위치와 맥락에 의해 이해되어야 하는 상호 의존적이며 관계적인 개념이라고 했다. 허민숙(2011a)은 가정폭력 피해여성을 피해자나 살아남은 자로 부르는 이분법을 넘어서서, 피해 경험과 주체성을 모두 복원해 피해자이며 또한 살아남은 자로 전환되어가는 역량 강화의 연속선상에서 바라봐야 한다고 제안했다. 가정폭력 피해자에 대한 '역량 강화 연속선' 개념의 핵심은, 피해여성이 즉각적인 보호와 구제를 받는 것이 시급하고 중요한 일이지만 이것이 일시적 수준에서 그치지 않고 연속적인 수준으로 지속되어야 함을 강조하는 것이다.

따라서 역량 강화 연속선 개념에서 가정폭력 피해여성은 동일한 상태에 머물러 있거나 일관된 모습으로 재현되기보다는 역동적이고 상호작용적인 주체로 표현된다. 즉, 어느 시점에서는 보호와 구제가 필요한 희생자이지만, 또 다른 시점에서는 살아남은 자였으며, 지원과 지지를 통해 활동가로 거듭나 자신의 경험과 실천을 바탕으로 공동체의 변화와 발전에 공헌하는 중요한 사회 구성원의 역할을 하고 있다는 것이다.

가정폭력 피해를 입은 여성에서 가정폭력을 극복하고 살아남은 자가 되어가는 과정은 '의존적' 존재에서 '주체적' 존재로의 변화를 말한다. 이러한 변화를 위해 자신을 삶의 주체로 만드는 자립의지는 필수 요소라 하겠다. 이 책에서는 허민숙의 '역량 강화 연속선' 개념을 차용해, 가정폭력 피해여성을 가정폭력의 피해자이며 이를 극복하고 생존을 위해 분투하는 살아남은 자의 모습을 모두 지니고 자신의 삶을 만

들어가기 위해 노력하는 당사자로 보겠다.

4. 가정폭력 피해여성의 자립

국내에서 가정폭력 피해여성의 자립에 대한 관심이 높아진 것은 2006년 '가정폭력방지 및 피해자보호 등에 관한 법률'이 개정되면서부터이다. 법령 개정으로 가정폭력 피해여성 생활 시설의 역할에 '자립 지원'이 포함되면서 가정폭력 피해여성의 자립에 관한 연구도 본격화되었다.

여성가족부의 2013년 '가정폭력 피해자 실태 조사'를 살펴보면, 가정폭력 피해자 보호시설 이용자가 보호시설 내에서 제공받기 원하는 서비스에서 취업 지원(구직, 창업 관련 정보 제공, 취업 알선)이 45.8%로 다른 서비스에 비해 훨씬 높게 나타났다(중복 응답).[2] 또한 2011년부터 2013년까지 한국여성의전화 가정폭력 피해자 보호시설 이용자의 쉼터 이용 후 진로를 보면, 전체 성인 이용자 75명 중 50.6%가 퇴소 후 진로를 자립으로 삼고 있다.[3] 이렇게 가정폭력 피해여성들에게 높은 자립 욕구가 있는 것에 비해, 관련 연구는 부족한 편이다.

---

2 개별 상담 및 치료 38.1%, 법률 관련 상담, 지원, 연계 38.1%, 자녀 학업 관련 서비스(학습 지원, 학비 지원 등) 28.0%.

3 한국여성의전화 가정폭력 피해자 보호시설 오래뜰 내부 자료.

가정폭력 피해여성의 자립 이론으로 대표될 만한 연구는 제시되고 있지 않다. 다만 가정폭력 피해여성의 자립에 영향을 미치는 요인이나 자립의지에 영향을 미치는 요인, 자립 과정에 대한 연구가 분절적으로 이루어지고 있다.

정혜숙(2013)은 미국에 거주하는 한인 가정폭력 피해 한부모 여성의 자활[4] 경험을 질적 연구로 진행했다. 이 연구는 자활 경험을 '자활 잠재력 복원시기'와 '자활 지탱력 개발시기'로 나누었다. 가정폭력을 피해 쉼터에 입주한 여성들의 홀로서기를 위해 역량 강화, 안전 지향의 '친정집 같은 도움'과 자녀 돌봄 지원, 재정 지원이 자활 잠재력 복원시기에 필수적인 지원이라고 지적했다. 가정폭력을 벗어나 독립적 삶을 계획하는 자활 지탱력 개발시기의 대처 욕구는 성숙한 의존과 생계유지에서 꿈의 성취로의 변화가 나타났다.

가정폭력 피해여성의 자립과 자립 이후의 사회 적응을 류은주(2009)는 맨들바움(D. G. Mandelbaum)의 분석 틀을 적용해 '삶의 영역', '전환점', '적응'의 세 가지 개념으로 분석했다. 가정폭력 피해여성들의 현재 삶에서 가장 중요한 영향을 미치고 있는 것은 보금자리, 자녀, 생업 활동, 자조 모임이었다. 가정폭력 피해여성의 삶의 전환점으로는 '탈출 시도'와 '쉼터 입소'가 있다. '탈출 시도'는 '참고 살아도 변화

---

4 현재 국내에서 가장 많이 사용되고 있는 '자활'로 번역했으나 위 참여자들은 원어 'self-sufficiency'로 통용하거나, 자활보다는 '자립' 혹은 '자조', '홀로서기'라는 우리말이 더 익숙하다고 보고했다(정혜숙, 2013: 253).

가 없다'는 '폭력 경험을 통한 자각'과 '가정폭력의 세대 간 전이 우려', '주변 지지 체계의 도움'이 있을 때 시도되었다. '쉼터 입소'는 피해여성에게 또 다른 삶의 전환점을 제공한다. '쉼터'에서의 교육을 통해 피해여성은 자신과 주변 환경을 객관적으로 바라보게 된다. 이와 함께 '쉼터'에서의 새로운 직업 개발을 통해 '자기 삶의 재구성을 통한 자기성 회복'이 자립의 주요 요건으로 밝혀졌다.

연구 결과 자립생활을 독립적으로 이끌어가는 정신적 버팀목을 위한 프로그램의 필요성이 제기되었다. 또한 가정폭력 피해여성의 자립 지원을 위해서는 경제적 자립 지원 서비스 외에 심리적·사회적 자립 지원 서비스도 병행되어야 함을 제언하고 있다. 류은주는 자립의 완성도를 높이고, 자립 후의 사회적응을 위한 프로그램들이 지원되어야 함을 강조했다.

가정폭력 피해여성들이 쉼터에 머무르는 동안에는 대부분 가해자와의 결혼관계 유지를 원하지 않다가 퇴소 후 과반수가 가정으로 복귀하는 이유에 대해 캠프(Kemp, 2001)는 사회구조적인 요인과 개인적인 요인 때문이라고 지적했다. 사회구조적 요인으로는 경제활동의 제한, 법 제도와 사회복지의 한계, 가부장적 이데올로기 등이 있으며, 개인적인 요인은 자녀 문제, 가정에 대한 그리움, 남편의 변화 등이라고 설명했다.

가정폭력 피해여성의 자립에서 거주지의 문제가 중요한 요건이라는 연구와 거주지 마련이 폭력적 관계를 떠나는 것과 동의어는 아니라는 지적이 공존한다. 장정자(2006)는 가정폭력 피해자 보호시설 입소자 124명과 자립한 사람 15명을 대상으로 설문 조사한 결과, 고졸이고 직업이 있으며 동반 자녀가 있는 경우에 자립하는 경우가 높았다고 보고했고, 자립의 저해 요소는 거주지 마련이라고 밝혔다. 한편 포닉과 그 동료들(P. Ponic et al., 2011)은 '쉼터'와 같은 사회적 주거 공간이 필요하다는 점을 강조했다. 이 연구는 보호시설에 장기간 머물게 되면 시설의 다양한 프로그램에 참여해야 하고 공동체의 규칙을 지켜야 하는 불편함이 있겠지만, '쉼터'와 같은 공동 주거 공간을 이용하는 것이 중요하다고 강조했다. 또한 공동 주거 공간을 제공할 때, 보호시설을 찾는 여성들의 다양성을 고려해 맞춤 형식으로 상담이나 구직 프로그램 등의 스케줄 조정을 유연하게 하는 방안이 바람직하다고 제안하고 있다. 이주연(2006)은, 가정폭력 피해여성의 경제적 자립을 위해서는 직업훈련과 취업 지원을 위해 직업상담사 등 전문가와의 연계가 필요하다고 제안했다. 콜린스(J. C. Collins, 2011) 역시 가정폭력 피해여성이 자립하는 데 커리어 개발과 인적자원 개발의 중요성 등 실질적 지원을 강조했다.

그러나 이들의 연구는 가정폭력 피해여성의 자립을 외부적 조건이나 경제적 측면에 중심을 두고 있다. 가정폭력 피해여성의 경제적 자립이 자립을 위한 '선행조건'으로 인식된다(김명숙, 2008)고 하나 무엇이 선행조건인지는 명백히 밝혀진 것은 없다. 오히려 모든 자원이 동시적이고 복합적으로 필요하고 상호작용하고 있다고 보는 것이 타당하다.

이에 대해 야바헤리안과 그 동료들(H. Javaherian et al., 2007)은 인생을 재설계하는 가정폭력 피해여성의 경험을 다섯 가지 주제로 설명했다. 첫 번째, 자신의 삶에 대한 책임이다. 이를 위해 많은 피해여성이 새로운 삶의 시작점에서 첫 단계로 거주지를 생각한다. 안전한 사회적 주거지인 쉼터는 피해여성들의 삶을 재설계하는 과정의 시작점이다. 자녀들도 피해여성들에게 희망과 강인한 삶의 목적을 갖고 인생을 재설계하는 데 기여했다. 둘째, 가정폭력 피해여성은 자신에게 필요한 삶의 조건들을 연결시키고 활용한다. 그들이 직업을 찾을 때 급여를 고려할 것이고 이동 경로와 보육시설(탁아소) 이용이 가능한지를 고려할 것이다. 피해여성들이 도움이 된다고 언급한 지역사회 자원은 성인과 아동을 위한 상담 프로그램, 한부모 가정을 위한 교육 프로그램, 취업 교육과 운전면허 자격증 프로그램이었다. 셋째, 자녀 돌보기와 생계를 위한 시간 외에 휴식과 친구 등과의 관계를 형성할 시간적 여유를 필요로 했다. 이는 고립감 해소와 재충전을 위해 필요한 요건이다. 넷째, 피해여성들은 가정폭력으로 인한 낮은 자존감과 주변의 부정적 인식을 극복해야 하는 어려움을 보고했다. 피해여성들은 학대 경험을 극복하기 위해서 시간이 걸리는 것과 아이들에게 가해진 학대의 영향으로 매우 힘들어했다. 많은 여성들이 자신들에게 올라오는 여러 감정을 마주하는 것에 많이 힘들어했다. 다섯째, 이 여성들이 더 좋은 직업을 가지고 더 나은 삶을 살기 위해서 자신의 교육 수준을 높이길 원한다. 새로운 삶을 시작할 때, 그들은 자신 안에 있는 강인함과 신념을 인식해야 한다. 야바헤리안의 연구는 작업치료사들이 가정폭력 피해여성들과 함께 작업할 때 재정 관리, 시간 관리, 가정 운영, 레저, 그리고 직업 탐구, 자기주장, 자존감 향상, 지역사회 자원의 접근, 부모 자녀 관계 등과 같은 기술을 포함해야 한다고 제시했다.

크로니스터와 맥허터(Chronister and McWhirter, 2003)는 가정폭력 피해여성의 감정적 의존이 그들의 학대 경험과 경제적 의존성의 관계에 영향을 미친다고 본다. 따라서 가정폭력 피해여성 자립의 기본적 요건이며 자립적 삶을 지속하게 하는 요소인 자립의지에 관한 깊이 있는 연구들이 확대되어야 한다.

이 책에서는 가정폭력 피해여성의 자립에 영향을 미치는 요인으로 가정폭력의 성별적 특성을 반영해 성평등 의식 요인을 살펴볼 것이다. 그리고 가정폭력 피해여성에게 긍정적 영향을 미친다고 꾸준히· 제기되고 있는 사회적 지지를 살펴보겠다.

1) 성평등 의식과 가정폭력 피해여성의 자립

먼저 가정폭력 피해여성의 자립의지에 영향을 미치는 성평등 의식 요인을 성역할 태도로 살펴보겠다. 성평등 의식을 평가하는 방식은 여러 가지이나 성역할 태도를 선택한 것은, 태도는 한 개인이 향후 취할 행동을 예측하는 데 매우 중요한 요소라 할 수 있기 때문이다. '태도(attitude)'란 인간의 행동경향을 말하며 직접적인 경험의 반복, 간접적인 언어 학습, 단 한 번의 강렬한 체험 등이 바탕이 되어 후천적으로 형성된다. 태도는 경험의 축적이나 사회적 영향으로 변용(變容)될 수 있는 신축성(伸縮性)을 포함하고 있으며, 행동을 예측하는 요인으로 사회학에서 많이 연구되었다.

성역할은 인간의 행위나 태도와 관련해 남녀별로 적절한 것으로 규정된 문화적 기대치를 말하며, 개인이 자기가 속한 집단의 가치와 규범을 내면화해가는 과정인 사회화 과정을 통해 학습된다. 개인이 속한 문화권 내에서 그 개인을 남성과 여성으로 특징짓는 일련의 특성으로, 문화권 내에서 개인이 남성 또는 여성으로서 일반적으로 찬성되는 태도나 행동을 반영한다(J. H. Block, 1973).

성역할 태도는 여성 또는 남성이 되는 것이 무엇을 의미하는가와 관련된다는 점에서 성역할 정체감과 유사한 개념이다. 성역할 정체감이 개인의 인성적 특성을 일면 나타낸다면, 성역할 태도는 전통적인 성역할 고정관념에 대한 개인의 태도로, 남성 또는 여성에게 적절하다고 기대되는 행동에 대해 호의적 혹은 비호의적으로 반응하는 경향을 말한다(임정빈·정혜정, 1997). 성역할 태도는 가족, 친구, 학교 등의 사회관계에서 이루어지는 처벌과 보상을 통해 개인에게 내재화된다.

사회학자인 스칸조니와 폭스(Scanzoni and Fox, 1980)는 성역할 개념을 세 가지 관점에서 보았다. 첫째, 남성은 지배집단을 대표하고 여성은 종속집단을 나타내는 성의 계층화, 둘째, 남성의 노동은 역할 수행의 대가로 지위와 보수를 얻지만 여성의 노동은 가족과 집을 위해 소모됨으로써 공적인 영역에서 자원을 갖지 못해 화폐경제 체제에서 여성의 일이 상대적으로 낮게 평가되는 성별 분업, 셋째, 앞서 제시한 성의 계층화와 성별 분업에 대한 호의적·비호의적 태도가 성역할 규범이라고 보았다.

성역할 태도는 가정폭력 가해자들의 가해 원인으로 지목되어왔으며(김도연·정병수, 2012; 김재엽·최수찬, 2005), 가정폭력 피해여성이 가정폭력 상황에 머무르는 요인으로 논의되어왔다(황경숙, 1998; 김미애, 2008). 황경숙은 구타 상황에 머무르는 아내가 그렇지 않은 아내들보다 완벽주의 성향이 높고 성역할 태도가 전통적이라고 지적했다. 가정폭력 피해자들이 자신에게 폭력을 행사하는 남자와 관계를 지속하고 피해자들이 폭력에 대해 침묵하는 것을 '완벽한 사랑'이라고 보는 모순적 구조를 지적한 연구도 있다(Towns and Adams, 2000). 베르켈과 그 동료들(Berkel, Vandiver and Bahner, 2004)도 전통적 성역할 태도를 추구하는 사람은 남녀 모두 평등한 성역할 태도를 가진 사람들에 비해 여성에 대한 폭력 사용을 더 지지한다고 했다. 쇼트와 그 동료들(L. M. Short et al., 2000)은 성역할과 여성들이 사회에서 받아들이는 여자로서의 기대가 그들의 관계, 자아존중감, 자기주장, 순종성, 그리고 기대에 대한 믿음 형성에 기여함을 밝혀냈다. 그는 이 모든 요인이 폭력적 관계로부터 가정폭력 피해여성들을 보호하거나 구해내는 결정적인 요인임을 말하고 있다.

이 연구는 가정폭력 피해여성이 폭력 상황을 떠날 때 그들 스스로를 사랑하고, 자신이 필요한 것이 무엇인지를 고려하는 등 과거에는 익숙하지 않았던 관점이 필요함을 제시하고 있다. 이렇게 성역할 태도는 피해여성이 폭력 상황에 머무르게 하는 요소로 작용하기도 하고, 폭력 상황을 벗어나는 데 중요한 요소로 작용하기도 한다.

가정폭력 피해여성의 역량 강화를 위한 여성주의 상담은 성역할 분석 기법을 통해 피해여성들이 내면화하고 있는 성역할 태도를 분석하게 한다. 이를 통해 가정폭력 피해여성이 사회구조적 문제로서의 성역할 태도를 인지하게 한다. 이러한 비판적 인지(critical awareness)는 개인의 역량 강화 과정에 포함되며 자원에 대한 접근 가능성에 영향을 미치는 사회정치적 힘을 이해하는 것이다(A. Kasturirangan, 2008). 페이프와 아리아스(Pape and Arias, 2000)는 가정폭력 피해여성이 폭력적 관계를 끊으려고 할 때 학대가 심해지며, 그때 폭력의 원인이 상대에게 있다는 것을 인지하여 책임귀인에서 벗어나야 한다고 제언한다.

이 글에서는 성평등 의식을 성역할 태도로 측정할 것이다. 성역할 태도는 향후 행동을 예측할 수 있는 요소로서, 남녀별로 적절한 것으로 규정된 문화적 기대치가 개인의 심리적 과정과 사회 환경과의 지속적 관계 속에서 학습되어 전통적인 성역할에 대해 호의적 혹은 비호의적으로 반응하는 경향으로 보겠다.

2) 사회적 지지와 가정폭력 피해여성의 자립

사회적 지지를 포함한 다양한 제도적 지원은 가정폭력 피해여성이 폭력 가정을 벗어나는 데 영향을 미치는 주요 요인으로 연구되어왔다. 사회적 지지는 가족, 이웃, 친척, 공적 조직 등 사회 구성원으로부터 받는 정서적·물질적 지지를 말한다. 캐플런(G. Caplan, 1974)은 사회적 지지를 '개인에게 자신과 타인에 대한 기대를 확인할 수 있도록 피드백(feedback)의 기회를 제공하는 계속적인 사회집합체'로 보았다. 칸(R. Kahn, 1981)은 '타인에 대한 신뢰나 인정, 또는 타인에게 물질적 도움을 주거나 정신적 도움을 주는 것 등에서 한 가지 혹은 그 이상을 포함하는 개인 간의 상호작용'이라고 했다.

사회적 지지는 구조적 측면과 기능적 측면에서 여러 유형으로 구분되고 있다. 사회적 지지의 구조에 관한 이론은 사회적 지지자의 수(크기)나 인구학적·양적 측면 및 조직과 구성에 관한 형태적 측면을 말한다(강윤경, 2012). 사회적 지지의 기능적 측면을 하우스(J. S. House, 1981)는 정서적 지지(신뢰, 애정, 감정이입, 친밀감), 평가적 지지(수용, 긍정적 피드백, 긍정적 자기평가), 정보적 지지(사람들이 스스로 돕도록 또는 사회 서비스를 활용하도록 돕는 것 등), 도구적 지지(실제적 도움의 교환, 욕구를 충족해주는 실제적 도움)로 구분했다.

사회적 지지의 기능적인 면은 개인이 맺고 있는 인간관계의 질을 어떻게 평가하고 자각하는가를 보여주는 주관적 측면을 말한다. 이는 개인에게 객관적인 지지 자원이 있는 것과 그가 지지를 받았다고 지각하는 것 사이에는 차이가 있으며, 외부에서 지지가 주어진다고 하더라도 그것을 지지로 지각하지 않는 경우에는 진정한 지지로서의 가치가 없다는 것이다.

매과이어(L. Maguire)는 역사적으로 사회적 지지의 가장 기본 단위는 가족이라고 했다. 또한 결혼 생활 중 가장 빈번하게 다루어지는 것이 배우자의 지지이며 배우자의 지지는 매우 효과적이라는 연구가 있다(김현숙·김희재·오중환, 2011). 그러나 가정폭력 피해여성은 가장 가까운 가족인 남편의 지속적 폭력으로 인해 신체적·심리적 고통에 시달린다. 한편 가정폭력 가해자는 피해여성이 주변에 도움을 요청하거나, 주변으로부터 도움을 얻는 것을 차단하기 위해 피해자를 고립시킨다. 자신을 도와줄 수 있는 사회적 자원에 대한 정보 부재, 피해자 비난 등은 가정폭력 피해여성이 폭력 상황에 머물게 하는 요인으로 작동한다.

가정폭력 피해여성에 대한 사회적 지지는 가족, 친척, 이웃 등으로부터 오는 개인적 지지와 법률을 포함한 이에 따른 제도적 지지로 볼 수 있다. 메커슬렌(P. McAuslan, 1992)은 가정폭력 피해여성들이 학대를 노출하고 외부의 도움을 요청하는 것은 제공된 지지보다는 지각된 지지에 의해 긍정적인 영향을 받는다는 연구 결과를 발표했다. 친구의 경청과 공감적 위로는 가장 유용한 지각이었으나, 학대 관계를 종결하라는 친구나 주위 사람들의 조언은 가장 유용하지 못한 지각된 지지로 나타났다. 이러한 부정적인 사회적 지지는 사회적 지지의 한 측면이다. 강윤경(2012)은 결혼 이민 여성 연구에서 자긍심 손상, 문제행동 강화, 새로운 기회 제한 등을 사회적 지지의 부정적 기능으로 들고 있다.

법률에 근거한 제도적 지지는 가정폭력 피해여성들에 대한 지원을 좀 더 안정적이고 항상적으로 이루어질 수 있도록 했다. 제도적 지지는 법에 의한 '권리'로 시혜나 동정과는 다른 차원이다. 레벤도스키와 그 동료들(A. A. Levendosky et al., 2004)은 개인적·제도적인 사회적 지지가 적을수록 가정폭력 가해자들이 피해자가 사회적 지지망에 접근하는 것을 제한할 수 있다고 했다. 더불어 피해자들의 수치감을 잠재적 지지자에게 노출시키는 것에 어려움이 있을 수 있기 때문에 가정폭력 피해여성에 대한 지지를 강조했다.

대다수의 가정폭력에 초점을 둔 제도적 지지는 특별히 법적 시스템을 중심으로 하고 있는데, 가정폭력 피해여성이 공식적인 기관에 의해 받은 제도적 지지는 상당히 부족하다는 연구 결과도 있어 제도적 지지의 강화 필요성을 강조하고 있다(Fleury, Sullivan and Davidson, 1998). 벨냅과 그 동료들(J. Belknap et al., 2009)은 법원에 온 가정폭력 피해여성들이 경험한 사회적 지지를 연구했다. 법원까지 온 사건이기 때문에 경찰, 친족, 친구, 검사 등 피해여성의 주변 사람들이 거의 모두 가정폭력 사실을 알고 있었다. 학대 사실에 대해 알고 있는 모든 사람들은 평균적으로 중립 이상의 지지 수준이었다고 보고하고 있다.

가정폭력이 은폐되어 주변에서 쉽게 인지하기 어렵다는 점, 피해자 비난이 여전히 상존한다는 점, 지지자도 피해를 입을 수 있다는 점에서 일반적이고 사회적인 지지보다는, 가정폭력 피해여성이 인지한 제도적 측면에서의 사회적 지지의 영향력을 살펴보고자 한다.

이 책에서는 사회적 지지를 '가정폭력 피해여성이 좀 더 안정적이고 항상적으로 자존감의 손상을 최소화하면서 권리의 측면에서 얻을 수 있는, 제도적 차원에서의 신체적·정신적 안전과 정서적 지지와 물질적 지원, 관련 정보의 획득'이라 규정하고 논의를 진행하겠다.

5. 가정폭력 피해여성의 자립의지

1) 자립의지의 중요성

기존에 가정폭력 피해여성의 자립 관련 연구는 피해여성의 '경제적 자립'에 초점이 맞춰져 있었다. 이로 인해 가정폭력 피해여성의 자립 관련 연구에서 '자립의지'는 상대적으로 덜 다루어진 분야이다. 그러나 최근 사회복지의 다른 분야에서도 '자립의지'의 중요성이 다양하게 제기되고 있다.

먼저 자립의지의 중요성에 대해 맥도널드와 디커슨(McDonald and Dickerson, 2013)은 학대하는 파트너로부터 독립한 지 5년 이상 된 여성들에게 과거의 폭력 경험이 어떤 의미를 지니는지 알아본 결과 여섯 가지 공통점을 확인했다.

자립의지의 발달과 유지, 관계에서 협상하기, 안전하고 지지적인 환경 만들기, 사회적 역할과 기대에 도전하기, 스스로를 보살피기, 아이 보호하기 등 목적을 갖고 살면서 자립을 지속하는 것이 이 주제들을 아우르는 패턴이었다. 이 연구에 따르면 자립의지의 발달과 유지에는 세 가지 특징이 있었다. 첫째, 자립을 통해 자신들의 인생을 통제하는 것, 둘째, 인생에서 계속해서 자립을 유지하는 것, 셋째, 경제적 자립 능력이 있어야 한다는 것이다. 특히 그들이 과거의 학대 관계에서 가졌던 의존성과 관련해서 자기 인생의 주인이 되는 것이 매우 중요했다.

이렇게 자립의지는 자립의 첫 단계일 뿐 아니라 계속해서 자립적 삶을 통해 자신의 인생을 스스로 통제할 수 있게 하는 중요한 요인이라 볼 수 있다. 따라서 가정폭력 피해여성의 자립의지에 영향을 미치는 요소를 찾아내고, 이를 강화하는 것은 가정폭력 피해여성이 가정폭력 피해를 극복하고, 피해자에서 살아남은 자로 전환된 삶을 살 수 있게 하는 중요한 요소가 될 것이다.

류은주(2011)와 박명혜(2009)도 가정폭력 피해여성의 자립에 자립의지가 중요함을 강조했다. 류은주는 가정폭력 피해여성 공동주거시설 거주 경험에 관한 질적 사례연구에서 자립의지의 중요성을 보고했다. 연구 결과 단기 보호시설에서 장기 시설로 이주해 자립생활을 하고 있는 주거 지원 입주자들의 경우에도 자립의지가 강할수록 공동생활에 대한 적응력 및 저축률도 높아 가정폭력 피해여성의 자립을 위해 자립의지 강화 프로그램이 필요하다고 제언하고 있다.

박명혜는 가정폭력 피해자 보호시설 쉼터에 거주하는 여성 172명을 대상으로 한 연구에서 자립의지와 경제적 자립이 정적 상관관계를 가지며 자립에 대한 의지와 마음 상태가 실제적·잠재적 자립에 영향을 미친다고 보았다.

2) 자립의지에 영향을 미치는 요인들

자립의지에 영향을 미치는 요인들로 쇼트와 그 동료들(L. M. Short et al., 2000)은 가정폭력 피해여성의 자립의지와 그 준비를 도울 수 있는 요소로 접근 용이한 지지 집단, 가정폭력 가해자가 부정적인 대가를 치르게 만드는 법률, 일상생활을 가능하게 하는 자원(집, 돈, 가재도구, 옷), 무엇이 학대인지에 대한 교육, 더 많은 쉼터, 실제로 가해자를 떠나기 전에 필요한 중간 도움 제공 등을 들고 있다. 가정폭력 피해여성의 사회적 네트워크가 남편과 많이 겹치면 겹칠수록 사회적 지지를 찾기 어렵고, 따라서 피해여성들의 네트워크를 자세히 들여다보는 것이 사회적 지지의 효용성을 이해하는 데 유용할 것이라는 흥미로운 연구도 있다(Roger and Hodson, 1983).

창과 그 동료들(J. C. Chang et al., 2010)은 가정폭력 피해여성들을 변화로 이끈 요소와 상황들은 첫째, 가해자로부터 다른 사람들을 보호하기, 둘째, 학대의 심각성과 굴욕감 증가, 셋째, 다양한 선택권과 지지 자원에 접근할 수 있다는 깨달음, 넷째, 가해자가 변하지 않을 것이라는 자각과 지침, 다섯째, 파트너의 외도라고 했다. 다섯 가지 모두에서 그들이 상황을 바꿀 수 있는 능력에 대한 관점이나 믿음이 외부적 사건 또는 내적 깨달음으로 인해 도전받거나 변화하는 것이 전환점이 되었다.

연구는 여성들 스스로 전환점을 '인지'하는 것에 대한 중요성을 강조한다. 전환점이 된 것은 과거 참으려 했던 폭력의 수준보다 현재 폭력이 더 심하다는 것을 알아차릴 때, 파트너의 배신이나 그가 변하지 않을 것임을 깨달았을 때, 고립에서 벗어나 변화 가능하다는 희망을 갖게 되었을 때 등이었다.

박언주(2010a) 역시 가정폭력 피해여성의 변화를 추동하는 외적 요소는 폭력의 심화, 사회적 지원 체계의 도움, 자립에 대한 준비 정도라고 지적하고 있다. 김명숙(2008)은 가정폭력 피해자 보호시설 거주자 258명을 조사한 연구에서, 가정폭력 피해여성이 직접적으로 지각하는 사회적 지지가 높을수록 자립의지가 높아진다고 보고했다.

저신토와 그 동료들(Jacinto, Turnage and Cook, 2010)은 '자기 용서'를 도모하는 것은 피해자들의 장기적 우울이나 감정과 관련된 신체적 질병을 완화하는 데 도움을 줄 수 있다고 했다. 또한 가정폭력 피해여성들이 치료적 환경을 벗어나 살아갈 때 후속 서비스와 사회적 지지가 계속 필요하다고 역설했다. 이는 피해자들이 자기 비난으로부터 벗어나야 함을 의미한다.

사회적 지지의 영향력은 사회적 자원이 부족한 집단을 통해 더욱 잘 드러난다. 케이키르와 거너리(Cakir and Guneri, 2011)도 영국에 이민한 터키 여성들의 역량 강화에 기여하는 요인에 관한 연구에서 사회적 지지가 높을수록 역량이 강화될 것으로 예측된다고 했다. 이렇게 사회적 요인은 가정폭력 피해여성의 자립의지에 많은 영향을 미칠 수 있다고 본다.

이러한 선행 연구와 달리 박명혜(2009)의 연구에서 사회적 지지는 자립의지에 영향을 미치지 않는 것으로 나타났다. 가정폭력 피해여성의 사회적 지지가 자립의지에 영향을 미치지 않는 결과가 나온 이유는 쉼터에 거주하는 피해여성들은 지속적인 폭력 상황에 머무름으로써 주변 가족들에게 이해받지 못해왔던 경우이거나, 지지해주던 주변의 가족들에게도 위협이 가해져 피해자 스스로 분리해 생활해온 여성들이라는 것이다. 쉼터에 온 여성들은 주변의 모든 관계에서 폐쇄적인 생활을 해오다가 의지할 곳이 없어 오는 경우이므로 이들의 경우는 스스로 의지가 있어야 자립이 가능하며 사회적 지지와 관련성이 낮아진다고 했다.

박명혜의 연구는 미첼과 허드슨(Mitchell and Hodson, 1983)의 연구와도 일맥상통한다. 주변 사람들이 가정폭력에 개입하고 싶어 하지 않기도 하고, 친구들과 같은 사회적 지지가 있더라도 가정폭력의 특수성 때문에 털어놓기 쉽지 않다는 것이다. 수치심 같은 감정 때문에 제대로 이야기하지 않으려는 여성의 태도를 보고 주변 사람들 역시 '사적'인 일이므로 간섭하지 말아야겠다고 생각하기도 하며, 가정폭력과 같이 불편하고 잘 모르는 주제에 대해 섣불리 이야기하려 하지 않는다는 것이다.

이러한 이유로 이 책에서는 주변의 개인적 지지가 아니라 법률에 규정된 제도적 지지로 나타나는 가정폭력 피해여성에 대한 사회적 지지를 살펴보고자 한다. 제도적 측면에서의 사회적 지지는 아직 연구된 바가 없으나, 법률에 규율된 권리로서의 사회적 지지는 가정폭력 피해여성의 자립의지에 많은 영향력을 미칠 것으로 사료된다. 따라서 '가정폭력범죄의 처벌 등에 관한 특례법'과 '가정폭력방지 및 피해자 보호 등에 관한 법률'의 피해자보호제도의 인지 여부로 가정폭력 피해여성에 대한 사회적 지지의 영향을 살펴보고자 한다.

피해자보호제도는 2011년 관련법의 개정을 통해 이루어졌다. 보호제도는 경찰의 긴급임시조치권, 피해자보호명령제도, 경찰의 현장출입조사권이다. 경찰의 긴급임시조치권과 현장출입조사권은 경찰이 가해자의 의사와 상관없이 현장에 진입할 수 있으며 직권으로 퇴거, 접근금지 등을 명할 수 있게 한다. 피해자보호명령 조항은 피해자가 권리로서 자신의 안전을 법원에 요청할 수 있는 제도이다.

자립의지의 중요성에 비해 국내에서 가정폭력 피해여성의 자립의지와 관련된 연구는 매우 부족한 실정이다. 이런 이유로 가정폭력 피해여성과 같이 특수한 욕구를 가진 대상자들의 자립의지 관련 연구를 통해, 가정폭력 피해여성의 자립의지에 영향을 미치는 요인을 유추해보고자 한다.

최종혁·김수완(2012)은 자립의지가 아동·청소년기의 가족 보호 체계 수준, 과거의 직무 경험, 현재의 직무 역량과 문제 해결 역량 정도, 그리고 미래에 대한 전망 등의 관계 속에서 진행된다고 했다. 박영란·강철희(1999)는 한부모 가정의 모(母)의 자립의지에 영향을 미치는 요소로 교육 수준, 건강, 직업, 한 달 평균 수입과 저축액, 직업에 대한 긍정적 태도, 직업훈련 경험, 삶의 만족도, 우울 정도, 성역할 의식이 영향을 미친다고 보았다. 교육 수준이 높고, 건강에 문제가 없으며, 수입과 관련된 일이 있고, 한 달 평균 수입과 저축액이 높을수록 자립의지가 높았다. 또한 직업에 대한 태도가 긍정적이고, 직업훈련의 경험이 있으며 전반적인 삶의 만족도가 높고 우울 정도가 낮을수록 자립의지가 높으며, 근대적인 성역할 의식을 가진 여성일수록 자립의지가 높은 것으로 나타났다. 이상의 논의를 종합해 자립의지에 영향을 미치는 요인을 정리해보면 〈표 2-1〉과 같다.

그리스비와 하트먼(Grigsby and Hartman, 1997)은 장벽모델(The Barriers Model, integrated model of intervention)에서 가정폭력 피해여성의 안전한 삶을 방해하는 요인을 네 가지 차원으로 설명했다. 장벽모델은 가정폭력 피해여성들에게 나타나는 증상들은 표면화·내재화된 가부장적 사회에서 발생한 문제라고 보았다. 폭력 피해여성들의 증상은

표 2-1 **자립의지에 영향을 미치는 요인**

연구자	연구대상	자립의지에 영향을 미치는 요인
정혜숙(2013)	미국 거주 한인 가정폭력 피해여성	역량 강화, 자녀 돌봄 지원, 재정 지원
류은주(2009)	자립한 가정폭력 피해자	삶의 영역- 주거, 자녀, 직업, 자조 모임, 쉼터 입소
김명숙(2008)	가정폭력 피해자 보호시설 거주자	혼인 상태, 현재 직업, 사회적 지지
최종혁·김수완 (2012)	공식화된 빈곤층	아동·청소년기 가족 보호 체계 수준, 과거 직무 경험, 현재의 직무 역량과 문제 해결 역량, 미래의 일에 대한 전망
이은희·최광선 (2012)	여성 한부모 가구주	연령, 입소 기간, 자기효능감, 가족 문제 해결 대처 행동, 확대가족 및 친지의 지지
박영란·강철희 (1999)	한부모 가정의 모(母)	교육 수준, 건강, 직업, 월평균 수입, 저축액, 직업에 대한 긍정적 태도, 직업훈련 경험, 삶의 만족도, 우울 정도, 성역할 의식
맥도널드·디커슨 (McDonald and Dickerson, 2013)	자립한 가정폭력 피해여성	자립의지의 발달과 유지, 관계에서의 협상, 안전하고 지지적인 환경, 사회적 역할과 기대에 도전, 스스로를 보살피기, 아이 보호, 목적을 갖고 살면서 자립을 지속
파일스·바네르지 (Pyles and Banerjee, 2010)	가정폭력 피해여성	과거 직업 경험
팬슬로·로빈슨 (Fanslow and Robinson, 2010)	가정폭력 피해여성	보호시설, 성역할 고정관념
맥러드·헤이·창 (McLeod, Hays and Chang, 2010)	가정폭력 피해여성	건강보호센터, 사회적 네트워크, 자기 교육, 가정폭력에 대한 인식, 가정폭력 피해에 대한 스크리닝, 지역사회 보호, 법적 지원

사회적으로 부과된 장벽과의 충돌 결과로 추정한다. 그러므로 이 모델은 심리적 요인에서 환경적 요인으로의 초점 변환을 중요하게 보았으며, 개인적 맥락보다는 사회적 분석이 주요한 연구이다.

이 책에서는 장벽모델에서 제시된 가정폭력 피해여성의 안전을 저해하는 네 가지 범주를 기반으로 가정폭력 피해여성의 자립의지에 영

표 2-2 **장벽모델과 이 연구의 자립의지 요인**

모델	환경적 요인 (Layer 1)	사회와 가족에서의 역할 기대 (Layer 2)	폭력의 후유증 (Layer 3)	아동기 폭력 경험 (Layer 4)
장벽모델 - 통합개입모델	쉼터나 지역 자원, 법적 가능성, 돈, 이동 수단, 경찰 지원, 사법제도, 변호사 등	전통적 성역할, 자기정체성, 폭력과 학대에 대한 인식 가치관 등	신체적·심리적 결과와 후유증 (무기력, 고립 등)	아동기 학대와 무시, 방임의 경험
연구 - 자립의지에 영향을 미치는 요인	사회적 지지 (피해자 보호제도 인지)	성평등 의식 (성역할 태도)	배우자의 폭력 수준, 배우자의 자녀 폭력	성장기에 부모로부터의 폭력 경험, 성장기에 부모 간 폭력 목격

향을 미치는 요인을 검증하고자 한다. 그것은 첫째, 가정폭력 피해여성의 자립의지를 검증할 수 있는 이론을 찾아보기 어렵고, 둘째, 장벽모델은 여성주의적 생태 체계 모델로서 페미니스트적 관점으로 다층적 접근을 하고 있기 때문이다. 셋째, 가장 중요한 점으로 가정폭력 피해여성의 자립에서 가장 중요한 것이 '안전'이므로 자립의지의 요인과 깊은 연관을 가질 것으로 예견되기 때문이다(정재훈 외, 2013).

장벽모델은 내적인 요인으로 구분된 요인들도 결국 외부적 문화나 사회적 맥락에 기반을 두고 있다는 주장에 기초한다. 가정폭력 피해여성의 안전한 삶을 방해하는 네 가지 장벽은 환경적 장벽, 사회와 가족 안에서의 역할 기대, 폭력의 심리적 결과로 인한 어려움, 아동기 학대나 무시의 경험이다.

장벽모델은 환경적인 장벽들이 일단 제거되더라도 피해여성들이 가족과 사회 안에서 사회화된 역할 기대 때문에 셀 수 없는 장벽들과

그림 2-1 **장벽 이론(통합 개입 모델)**

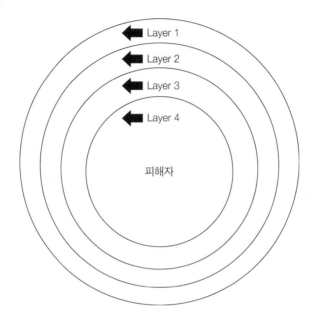

Layer 1
Layer 2
Layer 3
Layer 4

피해자

*주: 첫 번째 범주(Layer 1): 환경적 장벽 / 두 번째 범주(Layer 2): 가족과 사회적 기대 / 세 번째 범주(Layer 3): 학대의 심리적 결과 / 네 번째 범주(Layer 4): 아동 학대 및 방치.

마주친다고 한다. 장벽모델의 범주는 〈그림 2-1〉과 같다. 첫 번째 범주에서 변호(advocacy), 사례 관리(case management), 사회 행동(social action)이 필요했다면, 두 번째 범주에서는 연합(alliances), 지지 시스템, 의식 향상(consciousness raising)이 요구된다고 했다.

그리스비와 하트먼(Grigsby and Hartman, 1997)은 가정폭력 피해여성들과 작업할 때, 첫 번째 범주인 환경적 범주의 장벽들에 먼저 집중해야 한다고 제시했다. 그것은 피해여성들을 지지 자원들과 연결시키고 환경 속의 장벽들을 제거하는 데 도움을 주는 것이 피해여성의 문제를 더 효과적으로 해결할 수 있게 돕기 때문이다. 외부적인 장벽들을 설명하기 이전에 더 내부의(사적인) 장벽들에 중점을 두면, 무엇인가 자신의 문제나 과거 역사가 학대를 야기했다는 생각을 강화시킬 수 있기 때문이라는 것이다.

이러한 이유로 환경적 장벽들이 다루어지고 있는 동안에 다른 세 범주에 나타난 문제들에 치료를 집중하는 것은 비효율적이라고 보았다. 장벽 이론은 경제적 수준이 더 높은 사람일수록 가정폭력 가해자를 떠나는 자체가 값비싼 모험으로 여겨질 수 있다고 지적하고 있다. 경제 수준이 높을수록 가해자를 떠나기 어려워한다는 것이다.

장벽 이론은 가정폭력의 후유증으로 인한 심리적 손상, 고립 등이 가정폭력 피해여성의 안전한 삶을 방해한다고 보았다. 그녀의 신체적인 요구 사항들에 중점을 두고 진행하도록 상담 과정을 보강하고, 고립이 이 구조의 핵심임을 이해해야 한다고 강조하고 있다. 어린 시절의 학대나 무시당한 경험이 첫 번째 범주에서 세 번째 범주 사이 장벽의 영향력을 강화한다고 했다. 어린 시절 집이나 신뢰하던 곳에서 학대를 경험한 아이들은 그곳에 탈출구가 없다고 배우게 된다는 것이다. 네 번째 범주에서 개입의 목적은 피해여성들 사이의 연합, 그녀의 옹호자, 치료사, 그리고 다른 지지 시스템 속에 속한 믿을 만한 사람들과의 공동 작업에 의해 가장 최적화된다. 그녀의 학대 경험을 나눌 수 있는 동료가 있는(an adults abused as children) 그룹에서 내담자가 얻게 되는 잠재적이고 긍정적인 혜택을 고려해야 한다고 설명했다.

그러나 치료 그룹 중 어린 시절의 트라우마에 의한 영향을 상호 의존으로 해석하는 그룹은 피해자들의 능력을 약화시킬 수 있기 때문에 주의해야 한다고 경고했다.

이 책의 연구에서는 가정폭력 피해여성의 자립의지에 영향을 미치는 요인을 선행 연구들과 가정폭력의 특성을 반영하고, 장벽모델의 범주를 참조해 구성했다. 먼저 장벽모델 첫 번째 범주의 환경적 요인을 제도적·사회적 지지인 피해자 보호제도 인지로 대응시켜 살펴보았다. 두 번째 범주인 사회와 가족에서의 역할 기대는 성평등 의식으로 대응시켜 분석했다. 장벽모델 세 번째 범주 폭력 후유증은 배우자의 폭력 수준, 배우자의 자녀폭력 수준으로 대응해 살펴보았다. 네 번째 범주의 아동기 폭력 경험을 성장기에 부모로부터의 폭력 경험과 성장기에 부모 간 폭력 목격으로 분석해보고자 한다.

(1) 성평등 의식 요인

가정폭력 피해여성의 자립의지에 영향을 미치는 요인으로, 성평등 의식을 성역할 태도로 살펴보겠다. 성역할 태도는 사회적으로 바람직하다고 여겨지는 남성과 여성의 역할이다. 성역할 태도는 전통적인 태도(traditional attitudes)와 비전통적인 태도(nontraditional attitudes)로 구분된다.

저소득 모자가정 가구주의 자립의지를 연구한 박영란·강철희(1999)의 연구 결과 성역할 태도가 근대적일수록 자립의지가 높았다. 가정폭력 피해자 보호시설 퇴소자의 사회 적응과 생활 만족도를 연구한 김선숙(2005)의 연구에서도 성역할 태도가 비전통적일수록 생활 만족도가 높은 것으로 나타났다. 정유미(2012)는 기혼 여성의 성역할 태도가 임금노동 시장의 참여 여부에 영향을 미친다는 결과를 보고했다.

마틴(S. L. Martin, 1996)은 '여성들은 왜 구타당하는 상황 속에 그대로 머물러 있는가'의 이유 중 하나로 결혼에 대한 전통적 견해를 말한다. 즉, 아내로서, 어머니로서 자녀를 양육하고 남편에게 복종하고 그의 실수를 용서해야 한다고 생각한다는 것이다. 그리고 결혼 생활에 성공하는 것이 자기 가치의 반영이고, 결혼 생활이 성공적이지 못하면 한 인간으로서, 아내로서, 어머니로서 실패하는 것이라고 생각하기 때문에 그 상황 속에 머물게 된다고 보았다. 이렇게 성역할 태도는 가정폭력 피해여성이 폭력 상황에 머무르게 하는 요소로 작용하기도 하고, 폭력 상황을 벗어나는 데 중요한 요소로 작용하기도 한다.

김명숙(2011)은 자립한 가정폭력 피해여성 12명을 대상으로 가정폭력 피해여성의 자립 과정에 관한 연구를 했는데, 가부장적 의식과 이를 근거로 한 여성 억압 구조는 건재했고 '피해자 비난'을 가능하게 했다고 분석했다. 또 가정폭력 피해여성들은 가해자를 옹호하고 피해자를 비난하는 전도된 상황 속에서 주위의 평판을 내면화하는 비이성적 대처를 했음을 지적했다. 가부장적 인식은 가정폭력 피해여성들이 폭력에서 벗어난 이후 자립하는 과정에서도 이들을 옥죄었다고 설명했다.

가정폭력 발생과 지속에 주요한 역할을 하고 있는 것으로 알려진 성평등 의식이 가정폭력 피해여성의 자립의지와 어떠한 관계에 있는 가에 대한 연구는 이루어진 바 없다. 따라서 이 책에서는 가정폭력 피해여성의 전통적 혹은 비전통적 성역할 태도가 가정폭력 피해여성의 자립의지에 영향을 미치는가를 살펴볼 것이다.

(2) 사회적 지지 요인

사회적 지지가 가정폭력 피해여성의 자립의지에 영향을 미치는가 여부는 많은 연구자들의 주요한 관심이었다. 가정폭력의 특성상 외부에서 피해 사실을 알아채기 힘들고, 피해자들이 느끼는 수치심 때문에 피해여성들은 피해 사실을 외부에 알리기 꺼려한다. 또한 가정폭력 가해자가 피해여성을 친정 식구나 친구 등 사회적 관계에서 고립시키기 때문에 필요한 도움을 받기 어렵다. 가정폭력 피해여성의 고립은 피해 상황에 머물게 한다.

이 책에서는 박명혜(2009)와 저신토와 동료들(Jacinto, Turnage and Cook, 2010)의 연구에서 논의된 내용과 더불어 가정폭력이 은폐된다는 특성, 한국 사회에서 피해자 비난이 여전히 상존한다는 점, 가정폭력 피해여성을 지원하던 사람들도 피해를 입을 수 있다는 점에서 아직 다른 연구에서 다루어지지 않은 사회적 지지의 제도적 측면인 '가정폭력범죄의 처벌 등에 관한 특례법'과 '가정폭력방지 및 피해자보호 등에 관한 법률'의 피해자보호제도에 대한 인지 여부로 사회적 지지의 영향을 살펴보려 한다.

첫째, 경찰의 긴급임시조치는 '가정폭력범죄의 처벌 등에 관한 특례법' 8조의 2로 가정폭력이 재발될 우려가 있고, 그 처리가 긴급할 경우 경찰이 우선적으로 조치할 수 있는 제도이다. 긴급임시조치는 경찰 직권으로 명령하거나 피해자나 그 법정대리인이 신청할 수 있다. 조치의 내용은 피해자 또는 가정 구성원의 주거 또는 점유하는 방실(房室)로부터의 퇴거 등 격리, 피해자 또는 가정 구성원의 주거·직장 등에서 100m 이내의 접근 금지, 피해자 또는 가정 구성원에 대한 '전기통신기본법' 제2조 제1호의 전기통신을 이용한 접근 금지이다.

둘째, 피해자보호명령제도는 '가정폭력범죄의 처벌 등에 관한 특례법' 3장의 요건으로, 피해자나 그 법정대리인이 법원에 청구할 수 있다. 퇴거나 격리, 접근 금지, 전기통신을 통한 접근 금지, 친권 행사 제한 등을 최대 6개월 간 제한할 수 있다. 또한 피해자보호명령 청구 시 피해자의 보호가 필요하다고 인정된 때에는 피해자보호명령 결정 시까지 피해자의 보호를 위해 임시 보호 명령을 내릴 수 있다. 피해자보호명령의 이행 실태를 가정보호사건조사관, 법원 공무원, 사법경찰관리, 보호관찰관 등이 수시로 조사하게 하고, 가정폭력행위자가 그 결정을 이행하지 아니하거나 집행에 따르지 아니하는 때에는 그 사실을 관할법원에 대응하는 검찰청 검사에게 통보할 수 있다.

셋째, 경찰의 현장출입조사권은 '가정폭력방지 및 피해자보호 등에 관한 법률' 9조의 4에 의거한다. 이 조문은 경찰의 강제적인 가정폭력 현장에 대한 출입을 보장하기 위해 만들어졌다. 내용은 ① 경찰은 피해자를 보호하기 위해 신고된 현장 또는 사건 조사를 위한 관련 장소에 출입해 관계인에 대해 조사를 하거나 질문을 할 수 있다, ② 가정폭력 행위자는 제2항에 따른 사법경찰관리의 현장 조사를 거부하는 등 그 업무 수행을 방해하는 행위를 해서는 아니 된다, ③ 사법경찰관리는 피해자·신고자·목격자 등이 자유롭게 진술할 수 있도록 가정폭력 행위자로부터 분리된 곳에서 조사하는 등 필요한 조치를 해야 한다 등이다.

이 책에서는 사회적 지지를 가정폭력 피해여성이 이상과 같은 피해자 보호를 위한 제도를 인지하는 인지 여부로 살펴볼 것이다.

(3) 가정폭력 경험 요인

가정폭력 경험 요인이야말로 다른 여성들과 가정폭력 피해여성의 가장 큰 차이점이라고 할 수 있겠다. 따라서 가정폭력 경험이 피해여성들에게 어떠한 영향을 미치는지에 대한 깊이 있는 연구가 필요하다.

최종혁·김수완(2012)은 자립의지가 아동·청소년기의 가족 보호 체계 수준과 밀접한 관계가 있다고 밝혔다. 아동·청소년기에 가정폭력을 경험한 가정폭력 피해여성은 가족 보호 체계가 몹시 미흡한 상태에서 성장했다고 볼 수 있다. 장벽모델에서도 아동기 학대의 경험이 안전한 삶의 장벽요인이라고 밝히고 있다. 이러한 이유로 원가족에서 경험한 가정폭력 경험이 피해여성의 자립의지에 어떠한 영향을 미치는지 살펴보고자 한다.

성장기 폭력 경험에 대해서는 아동기 폭력 경험이 성인이 된 후에도 다양한 영향을 미친다는 연구와 그렇지 않다는 연구가 경합을 벌이고 있다(김재엽·이지현·정윤경, 2007; M. O'Keefe, 1994). 카우프만과 지글러(Kaufman and Zigler, 1987)의 연구에서 자녀를 학대한 사람들의 약 30% 정도가 어린 시절에 부모로부터 학대를 경험한 특성이 있었다. 베스와 데비(Beth and Debby, 2010)는 남자아이들은 가해자가 될 가능성이 높고 여자아이들이 피해자가 될 가능성이 높은 것은, 생물학적인 성이 아니라 전통적인 성별의 기준이 가정폭력 발생과 해결의 틀을 만들기 때문이라고 했다. 국내의 가정폭력 피해여성의 자립의지를 연구한 연구들에서는 성장기 가정폭력 경험에 관한 변수에 대한 검토가 이루어지지 않아 이를 검토하고자 한다.

가정폭력 피해여성이 경험하는 가정폭력 심각성의 수준은 가정폭력 피해여성이 폭력 가정을 떠나는 요인으로 많이 제기되었다(박언주, 2010a; L. M. Short et al., 2000; J. Belknap et al., 2009). 가정폭력 피해여성이 자립의 결정을 내리는 것은 한계점에 도달했을 때라는 것이다. 심한 부상을 입거나 생명을 위협하는 수준에 도달할 때, 배우자가 자녀를 폭행하거나 자녀가 학대를 답습하는 모습을 보일 때 등이다(L. M. Short et al., 2000). 김명숙(2008)의 연구에서 폭력 유형과 수준은 자립의지에 영향을 미치지 않는 것으로 나타났으나 박명혜(2009)의 연구에서는 정서적 폭력이 자립의지에 영향을 미치는 것으로 나타났다.

이렇게 가정폭력의 정도가 자립의지에 어떠한 영향을 미치는가에 대한 연구 결과는 상반되어 더 많은 실증적 연구가 필요하다. 더불어 배우자의 자녀에 대한 폭력 역시 가정폭력 피해여성이 폭력 가정을 떠나는 중요한 요인으로 여겨지고 있어 이를 살펴보고자 한다(정혜숙, 2013; J. C. Chang et al., 2010; L. M. Short et al., 2000).

(4) 인구사회학적 요인

가정폭력 피해여성의 자립의지에 미치는 영향을 연구한 김명숙(2008)의 연구에서는, 현재 직업의 유무와 결혼 상태만이 자립의지에 영향을 미친 것으로 나타났다. 즉, 직업이 있고 현재 별거나 이혼을 하려는 상태에 있는 경우 자립의지가 높게 나타났다. 박명혜(2009)는 가정폭력 피해여성의 개인적 자원(교육, 직업, 기술 등)은 폭력적 파트너와의 관계를 끊는 것에 대한 걱정을 줄임으로써 심리적 적응에 긍정적 영향을 줄 수 있다고 했다.

이은희·최광선(2012)의 연구에서는 '연령이 낮을수록 자립의지가 높은 것으로 보고되었다. 변규란·이정은·최수찬(2007)은 건강 상태가 양호하고, 숙련 기술이나 자격증을 보유한 것이 자립의지의 상승 요인이었다고 밝히고 있다. 권용신·김태진(2010)의 연구에서는 연령이 낮을수록, 기술 자격증을 소지한 경우일수록 자립의지가 높게 나타났다. 또 학력수준이 높을수록 자립의지가 높은 것으로 나타났는데, 인적 자본 이론에 의하면 교육 수준이 높을수록 자립의지도 높은 것으로 나타났다.

이제 선행 연구들에 근거해 가정폭력 피해여성의 자립의지에 영향을 주는 인구사회학적 요인을 연령, 교육 수준, 결혼 상태, 현재 직업 유무, 과거 직업 유무, 자녀 수, 월평균 가계소득으로 살펴보겠다.

제 3 장

연구 문제 및
연구 모형

1. 연구 문제 및 가설

가정폭력 피해여성의 자립의지 수준을 파악하고, 가정폭력 피해여성의 자립의지에 영향을 미치는 요인을 성평등 의식 요인, 사회적 지지 요인, 가정폭력 경험 요인, 인구사회학적 요인 등을 다차원적으로 분석해, 가정폭력 피해여성의 자립의지에 영향을 미치는 요인을 파악하고자 한다.

가정폭력 피해여성의 자립의지에 영향을 미치는 요인에 관한 연구를 종합해보면, 현재 직업 유무, 결혼 상태, 사회적 지지, 자아존중감, 자기효능감, 자아탄력성, 정서적 폭력이 자립의지에 영향을 미치는 것으로 나타났다. 그 외의 한부모 여성 등을 연구한 선행 연구들을 종합해보면 연령, 건강, 직업, 한 달 평균 수입과 저축액, 직업에 대한 긍정적 태도, 과거 직업 경험, 직업훈련 경험, 삶의 만족도, 우울 정도, 성역할 의식 등이 자립의지에 영향을 미치는 것으로 나타났다.

이러한 선행 연구를 고찰한 결과 연구 문제는 다음과 같다. 첫째, 가정폭력 피해여성의 자립의지 수준은 어떠한가? 둘째, 가정폭력 피해여성의 성평등 의식 요인이 자립의지에 영향을 미치는가? 셋째, 가정폭력 피해여성의 사회적 지지 요인이 자립의지에 영향을 미치는가? 넷째, 가정폭력 피해여성이 경험한 가정폭력 요인이 자립의지에 영향을 미치는가? 다섯째, 가정폭력 피해여성의 인구사회학적 요인이 자립의지에 영향을 미치는가? 이상의 연구 문제를 도출하기 위한 가설은 다음과 같다.

1. **가설 1** 가정폭력 피해여성의 성평등 의식이 평등할수록 자립의지가 높을 것이다.

2. **가설 2** 가정폭력 피해여성이 사회적 지지를 인지할수록 자립의지가 높을 것이다.

3. **가설 3** 가정폭력 피해여성의 가정폭력 경험이 자립의지에 영향을 줄 것이다.

가설 3-1 가정폭력 피해여성이 경험한 배우자의 가정폭력 수준이 높을수록 자립의지가 높을 것이다.

가설 3-2   가정폭력 피해여성이 성장기에 부모로부터의 가정폭력 경험이 낮을수록 자립의지가 높을 것이다.

가설 3-3   가정폭력 피해여성이 성장기에 부모 간 폭력 목격 경험이 적을수록 자립의지가 높을 것이다.

가설 3-4   배우자의 자녀폭력 수준이 높을수록 가정폭력 피해여성의 자립의지가 높을 것이다.

4. 가설 4   가정폭력 피해여성의 인구사회학적 요인이 자립의지에 영향을 줄 것이다.

가설 4-1   가정폭력 피해여성의 연령이 낮을수록 자립의지가 높을 것이다.

가설 4-2   가정폭력 피해여성의 결혼 형태가 별거나 이혼일 경우 자립의지가 높을 것이다.

가설 4-3   가정폭력 피해여성의 교육 수준이 높을수록 자립의지가 높을 것이다.

가설 4-4   가정폭력 피해여성이 과거에 직업이 있었던 경우 자립의지가 높을 것이다.

가설 4-5   가정폭력 피해여성이 현재 취업 중일 때 자립의지가 높을 것이다.

가설 4-6   가정폭력 피해여성의 월평균 가계소득이 낮을수록 자립의지가 높을 것이다.

2. 연구 모형

성평등 의식, 사회적 지지, 가정폭력 경험, 인구사회학적 요인이 가정폭력 피해여성의 자립의지(자신감, 자아 통제, 근로 의욕)에 영향을 미치는지, 영향을 미치면 어떤 요소가 얼마만큼의 영향력을 갖는지 알아보는 것이다.

그림 3-1 **연구 모형**

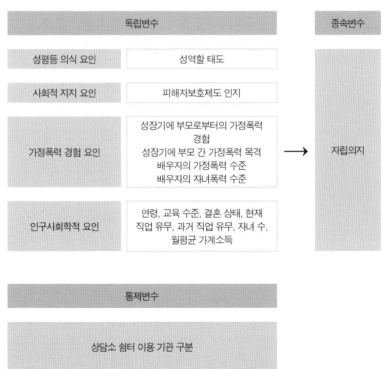

독립변수		종속변수
성평등 의식 요인	성역할 태도	
사회적 지지 요인	피해자보호제도 인지	
가정폭력 경험 요인	성장기에 부모로부터의 가정폭력 경험 성장기에 부모 간 가정폭력 목격 배우자의 가정폭력 수준 배우자의 자녀폭력 수준	자립의지
인구사회학적 요인	연령, 교육 수준, 결혼 상태, 현재 직업 유무, 과거 직업 유무, 자녀 수, 월평균 가계소득	

통제변수
상담소 쉼터 이용 기관 구분

연구 모형의 독립변수인 성평등 의식 요인은 오즈먼드와 마틴(Osmond and Martin, 1975)의 성역할 태도 35개 문항 중 7개 문항으로 측정하겠다. 사회적 지지는 긴급임시조치권, 피해자보호명령제도, 현장출입조사권에 대한 인지로 측정하겠다. 조사 대상자의 가정폭력 경험 요인은 성장기에 부모로부터의 가정폭력 경험, 성장기에 부모 간 가정폭력 경험, 배우자의 가정폭력 수준, 배우자의 자녀폭력 수준으로 조사했다. 조사 대상자의 인구사회학적 요인은 연령, 교육 수준, 결혼 상태, 현재 직업 유무, 과거 직업 유무, 자녀 수, 월평균 가계소득으로 알아보았다.

제 4 장

연구 방법 및
연구 절차

1. 조사 대상 표본 선정

이 연구는 2013년 전국 가정폭력 실태조사의 부가조사인 '가정폭력 피해자 실태조사' 데이터를 활용했다. 이 조사는 층화 집락 추출법에 의해 전국에서 표본 설계에 따라 추출된 상담소 100개소와 전체 63개 가정폭력 보호시설에 대해 상담소, 시설 종사자의 협조를 얻어 우편조사로 진행되었다. 가정폭력 상담소 및 피해자 보호시설에 배부된 설문지는 총 652부였으며 최종 회수된 설문지는 267부로 회수율은 41.0%였다. 회수된 267부의 설문지는 가정폭력 상담소 이용자 148부, 가정폭력 피해자 보호시설 거주자 119부이다.

2. 변수의 정의 및 측정 방법

1) 독립변수

가정폭력 피해여성의 자립의지에 영향을 미치는 변수들로 선행 연구들에서 영향이 있다고 검증된 요인들과 가정폭력의 특성을 반영한 변수들로 종속변수인 자립의지에 영향을 미치는 변수들을 독립변수로 취했다.

(1) 성평등 의식요인

앞에서 언급한 것과 같이 이 책에서는 성평등 의식 요인을 성역할 태도로 측정했다. 오즈먼드와 마틴(Osmond and Martin, 1975)은 성역할 태도를 가정생활, 사회생활, 전통적 성역할 고정관념에 대한 태도, 사회 변화에 관한 태도로 구분했다. 가정생활 영역에서, 남편과 아내의 엄격한 역할 분리에 동조하면 전통적 성역할 태도를 가진 것으로, 남편과 아내의 권리가 동등하다고 보면 현대적 성역할 태도를 가진 것으로 보았다. 사회생활 영역에서, 남성이 여성보다 우수하다고 생각하는 경우는 전통적 성역할 태도를 가지고, 반대의 경우 현대적 성역할 태도를 가진 것으로 보았다. 사회 변화에 관한 태도는 성불평등을 해소하기 위한 사회제도 변화에 동의하지 않는 경우는 전통적 성역할 태도로, 그렇지 않은 경우를 현대적 성역할 태도로 보았다.

성역할 태도에 관한 척도는 오즈먼드와 마틴(Osmond and Martin, 1975)의 SRA(Sex Role Attitude) 35개 문항 중 7개 문항이 사용되었다. 사회생활 영역의 성평등 정도는 '사회에서 중요한 일을 추진하는 것은 주로 남자의 역할이다', '사회적으로 남자가 리더가 되어야 한다'라는 질문으로 측정했다. '성관계는 남자가 주도해야 한다', '집안일은 아내가 주로 해야 한다'로 남성과 여성의 역할 구분에 대한 전통적·비전통적 태도를 살펴보았다. '가정의 경제적 결정권은 남편이 가져야 한다', '아내가 직장을 가질 것인지 말 것인지는 남편의 의사를 따라야 한다', '자녀에 대한 중요한 결정(진학, 취학)은 남편의 의견이 아내의 의견보다 더 우선되어야 한다'는 남편과 아내의 권리에 대한 태도를 살펴보는 문항으로 가정생활 영역을 측정했다. 각 문항에 대해 ① 전혀 그렇지 않다, ② 그렇지 않다, ③ 그렇다, ④ 매우 그렇다의 4점 척도로 응답하도록 했다. 성역할 태도는 역코딩해 점수가 높을수록 성평등 의식이 높은 것이다. 성역할 태도의 신뢰도는 $\alpha=.878$로 나타났다.

(2) 사회적 지지 요인

가정폭력 피해여성의 자립의지에 영향을 미치는 사회적 요인의 독립변수로는 가정폭력 피해자에 대한 공적 지지 체계인 피해자보호제도에 대한 인지 여부를 살펴보았다. '경찰이 가해자를 48시간 동안 격리시킬 수 있는 긴급임시조치권', '피해자가 법원에 가해자의 격리를 요청할 수 있는 피해자보호명령제도', '경찰이 가해자의 부동의에도 불구하고 집안에 들어갈 수 있는 현장출입조사권'에 대해서 모르면 0, 알고 있으면 1을 모두 합산해 0부터 3까지의 점수로 투입해 분석했다.

(3) 가정폭력 경험 요인

가정폭력 경험 요인은 가정폭력 피해여성이 갖는 가장 큰 특징이라고 할 수 있다. 가정폭력 피해여성의 자립의지에 영향을 미치는 가정폭력 경험 요인으로는, ① 성장기 가정폭력 경험, ② 성장기에 부모 간 폭력 목격 경험, ③ 지난 1년간 경험한 배우자의 폭력 수준, ④ 배우자에 의한 자녀폭력 수준으로 살펴보겠다.

① 성장기 가정폭력 경험

성장기에 부모로부터 경험한 폭력은, '부모는 나에게 욕설이나 무시하는 말 등 심한 말을 했다', '회초리로 손바닥이나 종아리를 때렸다'등의 여섯 가지 문항에 대한 유무를 물었다. 성장기에 부모로부터의 폭력 경험이 없으면 0, 있으면 1로 처리했다.

② 성장기에 부모 간 폭력 목격 경험

성장기에 부모 간 폭력 목격 경험은, '욕설이나 무시하는 등 심한 말을 했다', '손으로 때리거나 발로 찼다', '물건(골프채, 몽둥이, 칼 등)을 사용해 때리거나 다치게 했다'의 3개 문항으로 각 문항의 경험 여부를 없으면 0, 있으면 1로 처리했다.

③ 지난 1년간 경험한 배우자의 폭력 수준

가정폭력 피해여성이 지난 1년간 배우자로부터 경험한 가정폭력의 정도를 측정하기 위해, 스트라우스(M. A. Straus)의 갈등대처유형척도 (CTS2, Revised Conflict Tactics Scale, 1996)의 15개 문항과 세계보건기구(WHO: world health organization)의 환경관리행동(Controlling Behavior) 7개 문항을 사용한 2013년 여성가족부의 조사를 사용했다.

폭력 문항은 '모욕적인 이야기를 해서 기분을 상하게 했다'를 비롯한 정서적 폭력 3문항, 경제적 폭력은 '생활비를 주지 않았다' 등 3문항, 신체적 폭력은 '나에게 물건을 집어던졌다'를 포함한 7문항, 성적 폭력은 '내가 원치 않음에도 성관계를 강요했다'를 포함한 2문항으로 구성되었다. 각 문항에 대해서 지난 1년간 각각의 폭력 경험을 '없음'은 0, 1회는 1, 2회는 2, 3~5회는 3, 6~10회는 4, 11~20회는 5, 20회 이상은 5로 코딩 변경해 비율변수로 분석했다.

④ 배우자에 의한 자녀폭력 수준

배우자의 자녀폭력은 지난 1년간 배우자가 자녀에게 폭력을 몇 번이나 행사했는가를 비율척도로 측정 분석했다. 자녀폭력 문항은 전체 18개로, '무엇이 잘못되었는지 설명해주었다', '그만하라고 말하거나 방으로 들어가 있게 했다', '외출을 금지시켰다', '잘못된 행동을 대신할 다른 행동을 가르쳤다', '욕설을 퍼붓거나 악담을 했다', '허리띠(벨트), 막대기 등으로 엉덩이를 때렸다', '손바닥으로 뺨이나 머리를 때렸다', '자녀를 잡고 던지거나 넘어뜨렸다', '주먹이나 발로 세게 때렸다', '사정없이 때렸다', '목을 졸랐다', '고의로 화상을 입혔다', '칼, 가위 등으로 위협했다', '자녀의 식사를 챙겨주지 않았다', '치료가 필요할 때 병원에 데리고 가지 않았다', '술이나 약물에 취해서 자녀를 돌보지 않았다', '어른과 함께 있어야 하는 상황임에도 불구하고 혼자 있게 했다'에 대해서 없음은 0, 1회는 1, 2회는 2, 3~5회는 3, 6~10회는 4, 11~20회는 5, 20회 이상은 6으로 코딩 변경해 비율변수로 통계분석했다.

(4) 인구사회학적 요인

가정폭력 피해여성의 자립의지에 미치는 인구사회학적 요인은 연령, 교육 수준, 결혼 상태, 현재 직업 유무, 과거 직업 유무, 자녀 수, 월평균 가계소득으로 살펴보았다.

결혼 상태는 혼인 중(법률혼), 동거(사실혼), 별거, 이혼, 이혼소송 중, 기타로 구분했다. 혼인 중이나 동거 중이면 1, 이혼이나 별거 상태에 있으면 0으로 처리해 통계분석했다. 현재 직업 유무는 없음은 0, 있음은 1로 더미 처리했다. 과거 직업은 직종별 구분이 아닌 직업 유무로 처리해 없음을 0, 있음을 1로 더미 처리했고, 유급 노동이 아닌 주부를 무직으로 구분해 처리했다. 월평균 가계소득은 소득 없음부터 100만 원 단위로 500만 원 이상까지 살펴보았다.

2) 종속변수

종속변수인 자립의지는 박영란·강철희(1999)가 개발해 변규란·이정은·최수찬(2007), 김명숙(2008), 박명혜(2009)가 수정해 사용했던 척도를 썼다. 종속변수는 전체 12개 문항으로 구성되어 자신감, 자아 통제, 근로 의욕을 측정할 수 있게 설계되어 있다.

자신에 대한 신뢰와 확신인 자신감은 '나는 어떻게든 나의 문제를 스스로 해결할 수 있는 방법이 있다고 생각한다', '나는 내게 맡겨진 일을 잘할 수 있다고 생각한다', '나는 언제나 내게 주어진 일에 최선을 다한다', '나는 나 혼자의 힘으로 어떤 일이든 할 수 있다'의 4개 문항으로 측정한다.

미래의 목표를 위해 현재의 요구와 어려움을 극복하게 하는 자아 통제는 '내게는 어떤 어려움이라도 극복할 의지가 있다', '나의 일은 내 의지대로 판단해 결정한다', '나는 남들 앞에서 나의 의견을 분명하게 이야기한다', '나는 필요한 경우 스스로 남에게 도움을 요청해 문제를 해결할 수 있다'의 4개 문항으로 측정한다.

경제적 자립의 근간을 이루는 근로 의욕은, '나는 내가 결정한 사항의 결과에 대해서 스스로 책임진다', '나는 비교적 인생의 목표가 뚜렷하다', '나는 나의 능력이 사회에 공헌할 수 있다고 생각한다', '나는 남편에게 의지하지 않고도 살 수 있다'의 4개 문항으로 측정한다. 각 문항은 ① 전혀 그렇지 않다, ② 그렇지 않다, ③ 보통이다, ④ 그렇다,

표 4-1 **변수의 구성**

변수 구분	요인별 구분	변수설명	응답범주	문항 수
독립 변수	성평등 의식 요인	성역할 태도	전혀 그렇지 않다(1)~매우 그렇다(4)	7
	사회적 지지 요인	경찰의 긴급임시조치권	안다 1, 모른다 0	3
		피해자보호명령제도	안다 1, 모른다 0	
		경찰의 현장출입조사권	안다 1, 모른다 0	
	가정폭력 경험 요인	성장기 가정폭력 피해 경험	있음 1, 없음 0	6
		성장기 가정폭력 목격	있음 1, 없음 0	3
		배우자의 가정폭력 수준	없음, 1회, 2회, 3~5회, 6~10회, 11~20회, 20회 이상	15
		배우자의 자녀폭력 수준	없음, 1회, 2회, 3~5회, 6~10회, 11~20회, 20회 이상	18
	인구사회학적 요인	연령	연속변수	
		교육 수준	무학 1, 초등학교졸 2, 중학교졸 3, 고등학교졸 4, 대학교졸 5, 대학원졸 6	6
		결혼 상태	혼인 상태 1, 이혼/별거 0	1
		자녀 수	자녀 없음(1)~4명 이상(5)	1
		과거 직업	있음 1, 없음 0	1
		현재 직업	있음 1, 없음 0	1
		월평균 가계소득	없음(1)~500만 원 이상(7)	1
종속 변수	자립의지		전혀 그렇지 않다(1)~매우 그렇다(5)	12
통제 변수	기관 유형		상담소 0, 보호시설 1	1

⑤ 매우 그렇다의 5점 척도로 구성되었으며 점수가 높을수록 응답자의 자립의지가 높은 것으로 해석된다. 종속변수의 신뢰도는 $\alpha = .901$로 나타났다.

3) 통제변수

상담소와 보호시설의 기관 유형 구분을 통제했다. 상담소의 경우 이용 시설로 보통 일회적 서비스를 지원하는 경우가 대부분이다. 반면 보호시설은 생활 시설로 상대적으로 다양한 서비스를 제공하고 있다. 또한 상담소 이용자의 경우 가해자와 동거하는 경우가 대부분이나 생활 시설 거주 피해여성들은 가해자와 분리되어 있다. 이러한 차이를 고려해 독립변수의 고유한 영향력을 보기 위해 통제했다. 상담소를 0으로, 보호시설을 1로 더미 처리해 투입했다.

3. 자료 분석 방법

자료 처리는 SPSS WIN 18.0을 사용해 분석했다. 먼저 조사 대상자의 일반적 사항을 분석하기 위해 빈도분석을 실시했다. 다음으로 해당 설문에 대한 응답자의 차이를 보기위해 t 검증과 ANOVA를 실시했다. 각각의 변수들과 자립의지의 상관관계를 분석했고, 다중회귀분석을 통해 자립의지에 영향을 미치는 변수를 파악했다. 연구의 유의도는 95%의 신뢰구간에서의 유의도를 $p < .05$ 이상에서 검증했다 ($^*p < .05$, $^{**}p < .01$, $^{***}p < .001$).

제 5 장

연구 결과

1. 조사 대상자의 일반적 특성

1) 인구사회학적 요인

(1) 연령과 가족 상태

조사 대상자의 연령과 가족 상태를 살펴보면, 조사 대상자의 평균 연령은 43.1세였다. 40대가 40.2%로 가장 많았고, 30대가 35.7%, 50대 이상이 24.1%였다. 결혼 상태는 혼인 중인 경우가 62.1%로 가장 높았고, 이혼소송 중인 경우는 16.2%, 별거가 10.7%, 이혼인 경우가 6.3%, 동거(사실혼)인 경우가 4.7%로 가장 낮았다. 교육 수준은 고등학교 졸업이 51.6%로 가장 많았고, 대학교 졸업이 34.3%, 중학교 졸업이 5.5%, 초등학교 졸업이 4.3%, 대학원 졸업이 3.1%, 무학이 1.2%

표 5-1 **조사 대상자의 연령과 가족 상태**

변수	범주	빈도	%
연령 (평균 43.1세)	30대	86	35.7
	40대	97	40.2
	50대 이상	58	24.1
	계	241	100
결혼 상태	혼인 중(법률혼)	157	62.1
	동거(사실혼)	12	4.7
	별거	27	10.7
	이혼	16	6.3
	이혼소송 중	41	16.2
	계	253	100
교육 수준	무학	3	1.2
	초등학교 졸업	11	4.3
	중학교 졸업	14	5.5
	고등학교 졸업	131	51.6
	대학교 졸업	87	34.3
	대학원 졸업	8	3.1
	계	254	100
자녀 수	없음	10	4.0
	1명	68	27.3
	2명	129	51.8
	3명	37	14.9
	4명 이상	5	2.0
	계	249	100

였다. 자녀 수가 2명인 경우가 51.8%로 가장 많았다. 1명인 경우가 27.3%, 3명인 경우가 14.9%, 없는 경우가 4.0%였고, 4명 이상인 경우는 2.0%였다.

(2) 경제적 특성

가정폭력 피해여성 중에서 취업을 하고 있는 경우는 45.5%였다. 이는 2013년 전체 여성의 평균 취업률 50.1%보다 낮은 것이다. 직종은 서비스직이 30.6%로 가장 높았다. 다음으로 전문직이 26.5%, 단순 노무직이 15.3%를 차지하고 있다. 과거에 직업이 있었던 경우는 75.3%를 차지하고 있다.

월평균 가계소득은 100만 원에서 200만 원 미만인 경우가 28.1%로 가장 많았다. 다음으로 200만 원 이상 300만 원 미만인 경우가 20.2%였고, 100만 원 미만인 경우가 14.2%, 소득이 없는 경우도 13.0%를 차지하고 있다. 300만 원 이상 400만 원 미만인 경우가 10.3%, 500만 원 이상인 경우가 7.5%, 400만 원 이상 500만 원 미만인 경우가 6.7%이다. 소득이 없는 경우부터 200만 원 미만인 경우가 55.3%로 한국노동조합총연맹이 발표한 2013년 근로자 평균 임금 306만 1096원보다 훨씬 낮은 금액이다.

전체 조사 대상자의 55.3%가 월 가계소득이 없는 경우부터 200만 원 미만이어서 조사 대상자의 상당수가 경제적 어려움을 겪고 있는 것으로 보인다. 그러나 가정폭력 피해여성 모두가 경제 수준이 낮다고 볼 수는 없다. 상대적으로 사회적 자원을 활용할 수밖에 없는 가정폭력 상담소와 보호시설을 이용한 여성들을 대상으로 한 조사이기 때문이라고 보는 것이 더 타당하다.

조사 대상자의 인구사회학적 요소를 정리하면 다음과 같다.

표 5-2 **조사 대상자의 경제적 특성**

변수	범주	빈도	%
취업 여부	취업	116	45.5
	비취업	139	54.5
	계	267	100
직종	관리직	0	0
	전문직	26	26.5
	사무직	15	15.3
	서비스직	30	30.6
	판매직	4	4.1
	농업·어업직	4	4.1
	기능직	3	3.1
	단순노무직	15	15.3
	전업주부	1	1.0
	기타	0	0
	계	98	100
과거 직업 유무	있음	177	75.3
	없음	58	24.7
	계	235	100
월평균 가계소득	없음	33	13.0
	100만 원 미만	36	14.2
	100~200만 원 미만	71	28.1
	200~300만 원 미만	51	20.2
	300~400만 원 미만	26	10.3
	400~500만 원 미만	17	6.7
	500만 원 이상	19	7.5
	계	253	100

조사 대상자는 가정폭력 상담소 이용자 148명, 가정폭력 피해자 보호시설 거주자 119명이었다. 평균 나이는 43.1세이고, 혼인 중인 경우가 62.1%로 가장 많았다. 학력은 고등학교 졸업이 51.6%로 가장

많았고 자녀 수는 2명인 경우가 51.8%로 가장 많았다. 현재 취업 중인 경우는 45.5%였고 가장 많이 취업한 직종은 서비스직으로 30.6%였다. 과거 임금노동 경험이 있는 경우는 75.3%였다. 월평균 가계소득은 100만 원에서 200만 원 미만인 경우가 28.1%로 가장 높은 비율을 차지하고 있었다.

2) 성평등 의식 요인

성평등 의식은 성역할 태도로 측정했다. 성역할 태도는 역코딩해 점수가 높을수록 성평등한 의식을 갖고 있는 것이다. 조사 대상자의 전체 성역할 태도 평균은 최솟값 1.57에서 최댓값 4인데 각 문항 평균의 합은 22.06이었다. 성평등 의식의 전체 평균은 3.15로 나타나 4점 만점의 기준에서 3점 이상이 되는 높은 성평등 의식을 나타냈다.

각 문항별 분석 결과를 살펴보면, '가정의 경제권을 남편이 가져야 한다'와 '자녀에 대한 중요한 결정은 남편의 의견이 아내의 의견보다 더 우선되어야 한다'에 대해 평균값은 각각 3.26으로 높은 평등 의식을 나타냈다. 다음으로 '아내가 직장을 가질 것인지 말 것인지는 남편의 의사를 따라야 한다'의 평균값은 3.23으로 나타났으며, '사회적으로 남자가 리더가 되어야 한다'의 평균은 3.15의 비교적 높은 성평등 의식을 나타내었다. '집안일은 아내가 주로 해야 한다'의 평균값은 3.13, '성관계는 남자가 주도해야 한다'의 평균은 3.06, '사회에서 중요

표 5-3 성역할 태도 빈도분석

표 5-3 성역할 태도 빈도분석

문항	전혀 그렇지 않다	그렇지 않다	그렇다	매우 그렇다	합계	평균	표준 편차
사회에서 중요한 일을 추진하는 것은 주로 남자의 역할이다.	64 (24.0)	140 (52.4)	59 (22.1)	4 (1.5)	267 (100)	2.99	.72
사회적으로 남자가 리더가 되어야 한다.	81 (30.3)	149 (55.8)	34 (12.7)	3 (1.1)	267 (100)	3.15	.67
성관계는 남자가 주도해야 한다.	62 (23.2)	159 (59.6)	45 (16.9)	1 (0.4)	267 (100)	3.06	.64
집안일은 아내가 주로 해야 한다.	75 (28.1)	154 (57.7)	36 (13.5)	2 (0.7)	267 (100)	3.13	.66
가정의 경제권은 남편이 가져야 한다.	90 (33.7)	158 (59.2)	18 (6.7)	1 (0.4)	267 (100)	3.26	.59
아내가 직장을 가질 것인지 말 것인지는 남편의 의사를 따라야 한다.	94 (35.2)	138 (51.7)	34 (12.7)	0 (0.0)	266 (100)	3.23	.66
자녀에 대한 중요한 결정은 남편의 의견이 아내의 의견보다 더 우선되어야 한다.	93 (34.8)	153 (57.3)	18 (6.7)	3 (1.1)	267 (100)	3.26	.63
성역할 태도 합계[1]					267 (100)	22.06	3.58
성역할 태도 평균[2]					267 (100)	3.15	.511

1) 최솟값은 11, 최댓값은 28이다.
2) 최솟값은 1.57, 최댓값은 4.000이다.

한 일을 추진하는 것은 주로 남자의 역할이다'의 평균은 2.99로 설문 문항 중 가장 낮은 평균값을 기록했다.

3) 사회적 지지 요인

2011년 '가정폭력범죄의 처벌 등에 관한 특례법'과 '가정폭력방지

표 5-4 **사회적 지지 인지 여부**   단위: 명(%)

| 내용 | 기관 유형 | 인지 여부 | | 전체 |
		안다	모른다	
긴급임시조치권	상담소	36(24.3)	112(75.7)	148(100)
	보호시설	18(15.3)	100(84.7)	118(100)
	전체	54(20.3)	212(79.7)	266(100)
피해자보호 명령제도	상담소	70(47.3)	78(52.7)	148(100)
	보호시설	43(36.4)	75(63.6)	118(100)
	전체	113(42.5)	153(57.5)	266(100)
현장출입조사권	상담소	63(42.6)	85(57.4)	148(100)
	보호시설	39(33.1)	79(66.9)	118(100)
	전체	102(38.3)	164(61.7)	266(100)

및 피해자보호 등에 관한 법률' 개정으로 가정폭력 피해여성에 대한
보호제도가 확충되었다. 피해자보호제도는 법률에 보장되어 있는 실
질적이고 구체적인 가정폭력 피해여성들에 대한 사회적 지지이다. 피
해여성들에게 피해자 지원 제도를 알고 있는지 여부를 물었다.

사회적 지지를 앞의 세 가지 제도에 대한 인지 여부로 확인했다. 경
찰이 가정폭력이 재발될 우려가 있거나 긴급한 상황일 때, 가해자를
48시간 동안 격리시킬 수 있는 '긴급임시조치권'을 알고 있다고 답한
사람은 전체 20.3%였다. 모른다고 답한 사람은 79.7%로 대부분의 피
해자가 경찰의 긴급임시조치권을 알지 못하고 있었다. 긴급임시조치
권 인지에 따른 기관별 차이를 보면 상담소 이용자 중 '안다'가 24.3%
로, 보호시설 이용자 중 '안다'고 대답한 15.3%보다 높게 나타났다.

피해자나 그의 법정대리인이 법원에 가해자의 격리나 퇴거, 피해자나 가족 구성원의 직장이나 집에 100m 접근 금지, 친권 행사 제한 등을 요청할 수 있는 '피해자보호명령제도'를 알고 있다고 답한 사람은 전체 42.5%였고, 모른다고 답한 사람은 57.5%였다. 피해자보호명령제도에 대해 상담소 이용자는 47.3%가 알고 있었고, 보호시설 이용자는 36.4%가 알고 있는 것으로 나타나 상담소 이용자가 사회적 지지를 더 많이 인지하고 있었다. 경찰이 가해자가 동의하지 않아도 집안에 들어갈 수 있는 '현장출입조사권'에 대해서 알고 있는 사람은 전체 조사대상자의 38.3%였고, 모른다고 응답한 사람은 61.7%였다. 상담소 이용자의 42.6%가 알고 있다고 응답했고, 보호시설 이용자의 33.1%가 안다고 응답했다. 전체적으로 사회적 지지에 대해 모르고 있는 경우가 알고 있는 경우에 비해 훨씬 높았다. 또 상담소 이용자들이 보호시설 이용자보다 사회적 지지를 더 많이 알고 있는 것으로 나타났다.

피해자 보호제도는 제도적 측면의 사회적 지지로 매우 강력한 내용으로 피해자를 지원할 수 있도록 되어 있다. 그러나 조사 결과처럼 가정폭력 피해여성들이 자신을 보호할 수 있는 제도를 알고 있지 못한 것은 이 제도의 활용 가능성이 낮을 것임을 시사한다.

4) 가정폭력 경험 요인

가정폭력 피해여성의 가정폭력 특성은 성장기에 부모로부터의 가

표 5-5 **가정폭력 경험 특성 기술분석**

범주	최솟값	최댓값	평균	표준편차	사례 수
성장기에 부모로부터의 가정폭력 경험	0	6	1.92	1.81	267
성장기에 부모 간 가정폭력 목격	0	3	1.04	1.14	267

표 5-6 **가정폭력 경험 특성 빈도분석** 　　　　　　　　　　단위: 명

문항	응답	빈도	백분율(%)
귀하는 성장기(만 18세 이전) 동안 부모로부터 폭력을 당한 경험이 있습니까?	있다	188	70.4
	없다	79	29.6
귀하는 성장기(만 18세 이전) 동안 부모님 사이에 폭력이 일어난 것을 본적이 있습니까?	있다	142	53.2
	없다	125	46.8
귀하의 자녀가 배우자로부터 폭력을 당한 적이 있습니까?	있다	148	55.4
	없다	119	44.6

주: 무응답은 분석에서 제외함.

정폭력 경험, 성장기에 부모 간 폭력 목격, 배우자의 가정폭력 수준, 배우자의 자녀폭력 수준으로 살펴보았다.

성장기에 부모로부터의 폭력 경험 6개 문항의 최솟값은 0, 최댓값은 6, 평균 1.92로 나타났다. 성장기에 부모 간 폭력 목격 3개 문항의 최솟값은 0, 최댓값은 3, 평균 1.04로 나타났다.

가정폭력 피해여성들이 성장기에 경험한 폭력을 좀 더 살펴보고자 빈도분석을 실시했다. 피해여성이 성장기에 부모로부터의 폭력을 경험한 경우는 70.4%이고, 부모로부터의 폭력을 경험하지 않은 경우는 29.6%였다.

대부분의 가정폭력 피해여성들이 성장기에 부모로부터 폭력을 당

표 5-7 **지난 1년간 배우자의 자녀폭력 빈도분석** 단위: 명(%)

문항	배우자가 자녀에게							계
	없음	1회	2회	3~5회	6~10회	11~20회	20회 이상	
무엇이 잘못되었는지 설명해 주었다	42 (31.3)	19 (14.2)	17 (12.7)	29 (21.6)	11 (8.2)	9 (6.7)	7 (5.2)	134 (100)
'그만해'라고 말하거나 방으로 들어가 있도록 했다	33 (24.4)	10 (7.4)	23 (17.0)	27 (20.0)	22 (16.3)	5 (3.7)	15 (11.1)	135 (100)
외출을 금지시켰다	91 (68.4)	5 (3.8)	10 (7.5)	11 (8.3)	8 (6.0)	3 (1.1)	5 (1.9)	133 (100)
잘못된 행동을 대신할 다른 행동을 가르쳤다	79 (59.8)	15 (11.4)	11 (8.3)	17 (12.9)	3 (2.3)	4 (3.0)	3 (2.3)	132 (100)
때리겠다고 위협했다	35 (25.9)	14 (10.4)	14 (10.4)	29 (21.5)	19 (14.1)	9 (6.7)	15 (11.1)	135 (100)
욕설을 퍼붓거나 악담을 했다	28 (20.1)	18 (12.9)	14 (10.1)	23 (16.5)	17 (12.2)	15 (10.8)	24 (17.3)	139 (100)
허리띠(벨트), 막대기 등으로 엉덩이를 때렸다	84 (63.2)	7 (5.3)	11 (8.3)	14 (10.5)	5 (3.8)	7 (5.3)	5 (3.8)	133 (100)
손바닥으로 뺨이나 머리를 때렸다	51 (37.2)	17 (12.4)	24 (17.5)	22 (16.1)	8 (5.8)	8 (5.8)	7 (2.6)	137 (100)
자녀를 잡고 던지거나 넘어뜨렸다	73 (54.9)	15 (11.3)	19 (14.3)	10 (7.5)	5 (3.8)	3 (2.3)	8 (6.0)	133 (100)
주먹이나 발로 세게 때렸다	81 (60.0)	12 (8.9)	20 (14.8)	9 (6.7)	4 (3.0)	5 (3.7)	4 (3.0)	135 (100)
사정없이 때렸다	83 (61.5)	13 (9.6)	16 (11.9)	9 (6.7)	4 (3.0)	5 (3.7)	5 (3.7)	135 (100)
목을 졸랐다	114 (84.4)	13 (9.6)	3 (2.2)	1 (0.7)	0	1 (0.7)	3 (2.2)	135 (100)
고의적으로 화상을 입혔다	129 (95.6)	2 (1.5)	3 (2.2)	1 (0.7)	0	0	0	135 (100)
칼, 가위 등으로 위협했다	111 (84.1)	13 (9.8)	3 (2.3)	4 (3.0)	0	0	1 (0.4)	132 (100)
자녀의 식사를 제때에 챙겨주지 않았다	90 (67.2)	6 (4.5)	9 (6.7)	8 (6.0)	7 (5.2)	6 (4.5)	8 (6.0)	134 (100)
치료가 필요할 때 병원에 데리고 가지 않았다	103 (77.4)	7 (5.3)	8 (6.0)	6 (4.5)	3 (1.1)	2 (1.5)	4 (1.5)	133 (100)
술이나 약물에 취해 자녀를 돌보지 않았다	83 (63.4)	4 (3.1)	7 (5.3)	12 (9.2)	6 (4.6)	6 (4.6)	13 (9.9)	131 (100)
어른과 함께 있어야 할 상황임에도 불구하고 혼자 있게 했다	86 (65.6)	10 (7.6)	7 (5.3)	10 (7.6)	4 (3.1)	6 (4.6)	8 (3.0)	131 (100)

주: 무응답은 분석에서 제외함.

했다고 볼 수 있다. 이는 우리 사회가 아동에 대한 훈육을 빌미로 체벌을 허용하는 문화와 관련이 있다고 볼 수 있다. 성장기에 부모 간 폭력을 목격한 경우는 53.2%이고, 부모 간 폭력을 목격한 적이 없었던 경우는 46.8%였다. 절반 정도의 가정폭력 피해여성이 부모 간 폭력을 목격한 셈이다. 배우자가 자녀에게도 폭력을 행사하는 경우는 55.4%로 절반을 넘고 있다.

가정폭력 피해자의 배우자가 자녀에게 폭력을 가하는 빈도는 〈표 5-7〉과 같다. 배우자의 자녀에 대한 폭력은 때리겠다고 위협하는 경우가 약 70% 정도 있었고, 욕설을 퍼붓거나 악담을 하는 경우가 80%에 이르고 있다. 손바닥으로 뺨이나 머리를 때린 경우가 약 63%를 차지하고 있다. 이렇게 언어폭력이나 가벼운 신체적 폭력이 발생하는 경우가 많음을 알 수 있었다. 그러나 허리띠나 막대기 등으로 때리거나, 사정없이 때리는 경우도 약 40%에 이르는 것으로 드러났다.

가정폭력 상담소와 가정폭력 피해자 보호시설 이용자들이 지난 1년간 경험한 가정폭력 수준을 살펴보면 〈표 5-8〉과 같다.

가정폭력 피해여성들이 남편으로부터 심각한 정서적·경제적·신체적·성적 폭력에 시달리고 있음을 알 수 있다. 정서적 폭력의 경우 모든 항목에서 피해여성들은 70% 이상 경험한 것으로 나타났다. 경제적 폭력은 배우자가 생활비를 주지 않는 폭력을 16.9%의 피해여성이 겪고 있었다. 수입과 지출을 가해자인 배우자가 독점하는 경우도 23.2%를 차지하고 있었다. 가벼운 신체적 폭력의 경우 모든 항목에

표 5-8 피해여성의 지난 1년간 배우자 폭력 경험 빈도분석 　　　　　　　　단위: 명(%)

폭력행위	폭력 없음	폭력 있음							계
		1회	2회	3~ 5회	6~ 10회	11~ 20회	20회 이상	
모욕적인 이야기를 해서 기분을 상하게 했다	20 (7.7)	7 (2.7)	12 (4.6)	41 (15.8)	46 (17.7)	33 (12.7)	101 (38.8)	260 (100)
때리려고 위협했다	30 (11.6)	24 (9.3)	21 (8.1)	61 (23.6)	49 (18.9)	29 (11.2)	45 (17.4)	259 (100)
나의 물건을 파손했다	80 (31.1)	38 (14.8)	38 (14.8)	43 (16.7)	22 (8.6)	16 (6.2)	20 (7.8)	257 (100)
생활비를 주지 않았다	108 (43.4)	11 (4.4)	17 (6.8)	27 (10.8)	24 (9.6)	20 (8.0)	42 (16.9)	249 (100)
동의없이 재산을 임의로 처분했다	173 (69.8)	28 (11.3)	15 (6.0)	14 (5.6)	7 (2.8)	4 (1.6)	7 (2.8)	248 (100)
수입과 지출을 독점했다	102 (41.5)	15 (6.1)	19 (7.7)	19 (7.7)	26 (10.6)	8 (3.3)	57 (23.2)	246 (100)
나에게 물건을 집어던졌다	65 (25.7)	39 (15.4)	28 (11.1)	40 (15.8)	33 (13.0)	19 (7.5)	29 (11.5)	253 (100)
어깨나 목 등을 꽉 움켜잡았다	59 (23.5)	37 (14.7)	43 (17.1)	53 (21.1)	22 (8.8)	19 (7.6)	18 (7.2)	251 (100)
손바닥으로 뺨이나 신체를 때렸다	66 (26.3)	41 (16.3)	32 (12.7)	45 (17.9)	30 (12.0)	15 (6.0)	22 (8.8)	251 (100)
목을 졸랐다	135 (53.6)	52 (20.6)	25 (9.9)	20 (7.9)	10 (4.0)	3 (1.2)	7 (2.8)	252 (100)
칼이나 흉기 등으로 위협하거나, 다치게 했다	140 (54.9)	51 (20.0)	22 (8.6)	20 (7.8)	12 (4.7)	3 (1.2)	7 (2.7)	255 (100)
혁대, 몽둥이로 때렸다	204 (81.3)	18 (7.2)	10 (4.0)	4 (1.6)	6 (2.4)	2 (0.8)	7 (2.8)	251 (100)
사정없이 마구 때렸다	132 (52.0)	35 (13.8)	29 (11.4)	18 (7.1)	14 (5.5)	7 (2.8)	19 (7.5)	254 (100)
내가 원치 않음에도 성관계를 강요했다	83 (32.9)	26 (10.3)	23 (9.1)	39 (15.5)	32 (12.7)	12 (4.8)	37 (14.7)	252 (100)
내가 원치 않는 형태의 성관계를 강요했다	124 (49.0)	21 (8.3)	26 (10.3)	24 (9.5)	26 (10.3)	5 (2.0)	27 (10.7)	253 (100)

주: 무응답은 분석에서 제외함.

서 피해여성들이 70%의 경험률을 보이고 있다. 심각한 신체적 폭력의 경우 지난 1년간 1회 정도 발생한 경우가 가장 많았다. 발생 횟수는 1회였으나 생명을 위협할 정도의 심각한 수준이기 때문에 폭력 발생 자체가 매우 우려되는 상황이다. 더욱이 지난 1년간 폭력 경험이기 때문에 전 생애에 걸친 심각한 폭력은 더 많이 발생했을 가능성이 높다. 특히 1년에 20회 이상 사정없이 마구 때린 경우가 7.5%나 차지하고 있어 폭력의 심각성을 짐작할 수 있다. 배우자의 성적인 폭력은 50% 정도의 가정폭력 피해여성이 경험하고 있음을 알 수 있었다.

5) 자립의지

종속변수인 자립의지에 대한 기술 통계를 실시한 결과 평균은 3.66으로 나타났다. 이는 김명숙(2008)의 연구에서 나타난 3.52보다 약간 높으며 박명혜(2009)의 연구 결과인 3.67과 비슷하다고 볼 수 있다.

자립의지의 빈도분석은 〈표 5-9〉와 같다. 자신감 문항인 '나는 어떻게든 나의 문제를 해결할 수 있는 방법이 있다고 생각한다'의 평균은 3.56, '나는 내게 맡겨진 일을 잘 해낼 수 있다고 생각한다'의 평균은 3.81이었다. '나는 언제나 내게 주어진 일에 최선을 다한다'의 평균은 3.98이었고, '나는 나 혼자의 힘으로 어떤 일이든 할 수 있다'의 평균 점수는 3.58이었다.

미래의 희망을 보고 현재의 고통을 이겨나가게 하는 자아 통제인 '내게는 어떤 어려움이라도 극복할 의지가 있다'의 평균 점수는 3.71이었으며, '나의 일은 내 의지대로 판단해 결정한다'의 평균 점수는

표 5-9 **자립의지 빈도분석**

단위: 명(%)

문항	전혀 그렇지 않다	그렇지 않다	보통 이다	그렇다	항상 그렇다	합계	평균	표준 편차
나는 어떻게든 나의 문제를 스스로 해결할 수 있는 방법이 있다고 생각한다	4 (1.5)	34 (12.7)	73 (27.3)	121 (45.3)	35 (13.1)	267 (100.0)	3.56	.926
나는 내게 맡겨진 일을 잘 해낼 수 있다고 생각한다	2 (0.7)	15 (5.6)	56 (21.0)	153 (57.3)	41 (15.4)	267 (100.0)	3.81	.788
나는 언제나 내게 주어진 일에 최선을 다한다	0 (0.0)	8 (3.0)	51 (19.1)	147 (55.1)	61 (22.8)	267 (100.0)	3.98	.735
나는 나 혼자의 힘으로 어떤 일이든 할 수 있다	2 (0.8)	30 (11.3)	77 (28.9)	126 (47.4)	31 (11.7)	266 (100.0)	3.58	.866
내게는 어떤 어려움이라도 극복할 의지가 있다	0 (0.0)	26 (9.8)	62 (23.3)	141 (53.0)	37 (13.9)	266 (100.0)	3.71	.826
나의 일은 내 의지대로 판단해 결정한다	2 (0.8)	36 (13.5)	75 (28.2)	113 (42.5)	40 (15.0)	266 (100.0)	3.58	.930
나는 내가 결정한 사항의 결과에 대해서 스스로 책임진다	0 (0.0)	16 (6.0)	45 (17.0)	146 (55.1)	58 (21.9)	265 (100.0)	3.93	.792
나는 남들 앞에서 나의 의견을 분명하게 이야기한다	5 (1.9)	36 (13.5)	86 (32.3)	115 (43.2)	24 (9.0)	266 (100.0)	3.44	.902
나는 비교적 인생의 목표가 분명하다	2 (0.8)	39 (14.7)	96 (36.1)	98 (36.8)	31 (11.7)	266 (100.0)	3.44	.906
나는 내 능력으로 사회에 공헌할 수 있다고 생각한다	4 (1.5)	34 (12.7)	102 (38.2)	104 (39.0)	23 (8.6)	267 (100.0)	3.40	.872
나는 남편에게 의지하지 않고도 살 수 있다	2 (0.8)	25 (9.4)	54 (20.3)	112 (42.1)	73 (27.4)	266 (100.0)	3.86	.951
나는 필요한 경우에 스스로 남에게 도움을 요청해 문제를 해결할 수 있다	1 (0.4)	24 (9.0)	64 (24.0)	148 (55.4)	30 (11.2)	267	3.68	.804
자립의지 합계[1]		267 (100)	43.74	7.85				
자립의지 평균[2]		267 (100)	3.66	.635				

1) 최솟값 22, 최댓값 60.
2) 최솟값 1.92, 최댓값 5.00.

3.58이었다. '나는 남들 앞에서 나의 의견을 분명하게 이야기한다'의 평균은 3.44, '나는 필요한 경우에 스스로 남에게 도움을 요청해 문제를 해결할 수 있다'의 평균은 3.68이었다. 근로 의욕인 '나는 내가 결정한 사항의 결과에 대해서 스스로 책임진다'의 평균은 3.93이었다. '나는 비교적 인생의 목표가 분명하다'의 평균은 3.44, '나는 내 능력으로 사회에 공헌할 수 있다고 생각한다'는 3.40, '나는 남편에게 의지하지 않고도 살 수 있다'는 3.86이었다.

평균 점수가 가장 높은 것은 3.98로 자신감 영역인 '나는 언제나 내게 주어진 일에 최선을 다한다'였다. 한편 가장 낮은 평균 점수는 3.40인 '나는 내 능력으로 사회에 공헌할 수 있다고 생각한다'였다.

2. 주요 변인에 따른 집단 간 자립의지의 차이

1) 인구사회학적 요인에 따른 집단 간 자립의지의 차이

인구사회학적 요인에 따른 집단 간 자립의지의 차이를 알아보기 위해서 t 검증과 ANOVA를 실시했다. 분석 결과는 〈표 5-10〉과 같다.

결혼 상태는 혼인 중과 이혼/별거 상태로 나누어 살펴보았다. 집단 간 자립의지의 차이는 $t=3.078$, $p<0.01$로 유의하게 나타났다. 집단 간 자립의지의 평균은 이혼이나 별거 상태에 있는 경우에 높게 나타

표 5-10 **인구사회학적 요인에 따른 집단 간 자립의지의 차이**

변수	구분	빈도	평균	SD	t/F값
혼인 상태	결혼 상태	169	42.76	7.99	3.078**
	이혼/별거	84	45.95	7.18	
연령	30대	86	44.13	6.98	.519
	40대	97	44.14	7.59	
	50대 이상	58	42.83	8.38	
학력	중졸 이하	28	41.14	7.72	3.171**
	고졸	131	43.30	7.51	
	대졸 이상	95	45.02	7.79	
자녀 수	없음	10	43.20	5.29	.500
	1명	68	45.03	7.14	
	2명	129	43.24	8.01	
	3명 이상	42	43.62	9.15	
과거 직업 유무	있음	177	44.16	7.48	-1.878
	없음	58	41.97	8.47	
현재 직업 유무	있음	116	45.01	7.66	-2.334*
	없음	139	42.73	7.82	
소득	없음	33	45.06	5.93	.884
	100만 원 미만	36	44.00	8.28	
	100~200만 원	71	44.68	8.36	
	200~300만 원	51	41.77	7.76	
	300~400만 원	26	42.41	8.15	
	400~500만 원	17	44.47	7.51	
	500만 원 이상	19	43.75	8.02	

* $p < 0.05$, ** $p < 0.01$, *** $p < 0.001$.

※ 사후분석(Scheffe) 결과 중졸 이하와 대졸 이상 집단 간 자립의지에 유의미한 차이가 있음.

났다. 별거나 이혼 상태는 실제 독립적인 생활을 기획할 수밖에 없는 조건이기 때문에 자립의지가 높게 나타났다고 보인다. 이는 김명숙(2008), 박명혜(2009)의 연구와 같은 결과이다.

연속변수인 연령은 30대, 40대, 50대 이상으로 구분해 연령대에 따른 자립의지의 차이를 살펴봤고, 통계적으로 유의미한 차이가 없는 것으로 나타났다(F=.519, p> 0.05).

학력 간의 자립의지는 중졸 이하, 고졸, 대졸 이상으로 살펴보았는데, F=3.171(p< 0.01)로 집단 간 차이가 있었다. 사후분석 결과 중졸 이하와 대졸 이상 집단 간 자립의지에 유의미한 차이가 나타났다. 대졸 이상이 중졸 이하에 비해 자립의지가 높은 것으로 나타났다. 이는 학력이 높을수록 사회적 자원을 더욱 많이 획득할 수 있기 때문이라고 해석된다.

자녀 수에 따른 집단 간 자립의지의 차이를 알아보기 위해 ANOVA를 실시했다. 검증 결과 자녀 수에 따른 자립의지의 차이는 없는 것으로 나타났다(F=.500, p> 0.05).

과거 직업의 유무는 자립의지는 차이가 없었으나, 현재 직업이 있는 사람과 없는 사람 간에는 차이가 있었다(t=-2.334, p< 0.05). 현재 직업이 있는 사람이 직업이 없는 사람에 비해 자립의지가 높게 나타났다. 현재 직업이 있는 경우 경제적으로 자립할 수 있는 가능성이 높기 때문에 자립의지가 높다고 보인다. 월평균 가계소득에서는 집단 간 차이가 없는 것으로 나타났다(F=.884, p> 0.05).

인구사회학적 요인 간 자립의지의 차이를 검증한 결과를 정리해보면, 혼인 상태가 이혼이나 별거인 경우가 결혼 상태인 경우보다 자립의지가 높았으며, 학력이 대졸 이상인 집단이 중졸 이하인 집단보다 자립의지가 높게 나타났다. 또 현재 직업이 있는 집단이 직업이 없는

표 5-11 이용 기관에 따른 자립의지의 차이

변수	구분	빈도	평균	SD	t/F값
기관 유형	상담소	148	42.36	8.46	-3.343**
	보호시설	119	45.45	6.66	

집단에 비해 자립의지가 높게 나타났다.

2) 이용 기관에 따른 집단 간 자립의지의 차이

통제변수인 상담소와 보호시설 이용자 간의 차이를 살펴보았다. 조사 결과 상담소 이용자와 보호시설 이용자 간의 자립의지에 통계적으로 유의한 차이가 나타났다(t=-3.343, p< 0.01). 보호시설 이용자가 상담소 이용자에 비해 자립의지가 높은 것으로 나타났다. 상담소는 일회적 지원을 하는 경우가 많고, 보호시설은 일정 기간 거주하면서 집중적인 지원이 이루어지기 때문에 차이가 발생했다고 보인다. 그러나 보호시설 이용자의 자립의지가 입소할 때부터 높은 것인지, 입소 후 프로그램의 영향인지는 불분명하다. 이러한 이유로 이용 기관을 통제변수로 처리했다.

3) 사회적 지지 인지에 따른 집단 간 자립의지의 차이

가정폭력 피해여성에 대한 사회적 지지 인지에 따른 집단 간 자립

표 5-12 **사회적 지지 인지에 따른 집단 간 자립의지의 차이**

변수	구분	빈도	평균	SD	t/F값
경찰의 긴급임시조치권	안다	54	45.61	8.27	-1.922
	모른다	212	43.33	7.64	
피해자보호명령제도	안다	113	44.81	7.75	-1.818
	모른다	153	43.05	7.79	
경찰의 현장출입조사권	안다	102	44.41	8.51	-.978
	모른다	164	43.41	7.34	

의지 차이를 알아보았다. 경찰의 '긴급임시조치권' 인지 여부에 따른 자립의지의 차이는 없는 것으로 나타났다(t=-1.922, p>0.05). 피해자가 법원에 가해자와의 격리 등을 요청할 수 있는 '피해자보호명령제도' 인지 여부에 대한 집단 간 차이도 없는 것으로 나타났다(t=-1.818, p>0.05) 경찰의 '현장출입조사권'의 인지 여부에 따른 집단 간 자립의지 차이는 없는 것으로 나타났다(t=-.978, p>0.05).

3. 성평등 의식과 주요 변인과의 관계

가정폭력 피해여성 연구에서 성평등 의식은 주요한 변수로 다루어지고 있다. 이러한 이유로 주요 변인과 성평등 의식과의 관계를 살펴보겠다. 먼저 인구학적 요인에 따른 성평등 의식의 차이를 살펴보았다. 성평등 의식은 성역할 태도로 측정했다.

1) 인구사회학적 요인에 따른 성평등 의식의 차이

결혼 상태는 혼인 중(동거)과 별거/이혼 상태인 집단을 비교했다. 혼인 상태에 따른 집단 간 성평등 의식의 차이는 없는 것으로 나타났다(t=1.883, p>0.05). 연속변수인 연령은 30대, 40대, 50대 이상으로 구분해 연령대에 따른 성평등 의식의 차이를 살펴본 결과, 집단 간 차이가 없는 것으로 나타났다(F=1.346, p>0.05).

학력에 따른 집단 간 성평등 의식의 차이를 분석해본 결과 집단 간 차이가 유의미하게 나타났다(F=11.326, p<0.001). 사후분석 결과 중졸 이하와 고졸, 대졸 이상 집단 간 성평등 의식에 유의미한 차이가 있는 것으로 나타났다. 성평등 정도가 중졸<고졸<대졸의 순으로 높았다. 이는 학력이 높을수록 성평등 의식이 높은 것을 의미한다.

자녀 수에 따른 성평등 의식의 집단 간 차이를 분석해본 결과 자녀 수에 따른 집단 간 차이가 있는 것으로 나타났다(F=3.899, p<0.01). 자녀가 없거나 1명인 경우가 자녀가 2명이나 3명 이상인 경우보다 성평등 의식이 좀 더 평등한 것으로 나타났다.

과거 직업 유무에 따른 성평등 의식의 차이를 알아보았다. 과거에 직업이 있는 집단이 과거에 직업이 없었던 집단보다 성평등 의식이 높은 것으로 나타났다(t=-2.018, p<0.05). 과거 임금노동 시장에서의 경험이 성평등 의식에 영향을 미친 것이라 사료된다.

현재 직업이 있는 집단과 없는 집단 간의 성평등 의식의 차이를 분

표 5-13 **인구사회학적 요인에 따른 성평등 의식의 차이**

변수	구분	빈도	평균	SD	t/F값
혼인 상태	결혼 상태	169	21.86	3.73	1.883
	이혼/별거	84	22.75	3.16	
연령	30대	86	22.56	3.31	1.346
	40대	97	22.11	3.53	
	50대 이상	58	21.55	4.15	
학력	중졸 이하	28	19.32	4.41	11.326***
	고졸	131	22.11	3.29	
	대졸 이상	95	22.87	3.42	
자녀 수	없음	10	23.70	2.95	3.899**
	1명	68	23.18	3.70	
	2명	129	21.78	3.51	
	3명 이상	42	21.16	3.18	
과거 직업 유무	있음	177	22.22	3.38	-2.018*
	없음	58	21.16	3.82	
현재 직업 유무	있음	116	22.40	3.49	-1.179
	없음	139	21.87	3.60	
소득	없음	33	22.27	3.26	.346
	100만 원 미만	36	22.69	3.73	
	100~200만 원	71	22.32	3.58	
	200~300만 원	51	21.84	3.91	
	300~400만 원	26	22.00	3.70	
	400~500만 원	17	21.47	2.74	
	500만 원 이상	19	22.00	3.71	

* $p < 0.05$, ** $p < 0.01$, *** $p < 0.001$.
※ 사후분석 결과 중졸 이하와 고졸, 대졸 이상 집단 간 성역할 태도에 유의미한 차이가 있음.

석했다. 현재 직업이 있는 집단의 성평등 의식이 좀 더 평등하게 나타 났으나 통계적으로 유의미하지는 않았다($t = -1.179$, $p > 0.05$). 월평균 가계소득에 따른 집단 간 성평등 의식의 차이를 알아보았으나 차이가 드러나지 않았다($F = .346$, $p > 0.05$).

표 5-14 사회적 지지 인지에 따른 성평등 의식의 차이

변수	구분	빈도	평균	SD	t/F값
경찰의 긴급임시조치권	안다	54	22.00	3.73	.236
	모른다	212	22.13	3.49	
피해자보호명령제도	안다	113	22.34	3.67	-.932
	모른다	153	21.93	3.43	
경찰의 현장출입조사권	안다	102	22.20	3.63	-.344
	모른다	164	22.04	3.48	

2) 사회적 지지 인지에 따른 성평등 의식의 차이

가정폭력 피해여성이 인지한 사회적 지지인 경찰의 긴급임시조치권, 피해자보호명령제도, 경찰의 현장출입조사권을 인지한 집단과 그렇지 않은 집단 간 성평등 의식의 차이를 분석한 결과 차이가 나타나지 않았다.

3) 이용 기관에 따른 성평등 의식의 차이

통제변수인 가정폭력 상담소와 가정폭력 피해자 보호시설 이용에 따른 집단 간 성평등 의식 요인의 차이를 분석한 결과는 〈표 5-15〉와 같다. 성평등 의식은 점수가 높을수록 평등한 것이다. 보호시설의 평균값이 높은 것으로 나타났고 통계적으로도 유의한 것으로 나타났다 (F=-2.660, p < 0.01). 보호시설 이용자의 성평등 의식이 상담소 이용자

표 5-15 이용 기관에 따른 성평등 의식 차이

변수	구분	빈도	평균	SD	t/F값
기관 유형	상담소	148	21.55	3.64	-2.660**
	보호시설	119	22.71	3.40	

보다 높게 나타났다. 그러나 보호시설 이용자가 입소 시부터 성평등 의식이 높은 것인지, 보호시설에서 이루어지는 프로그램 참여의 결과 인지는 불분명하다.

4. 주요 변수와 자립의지의 상관관계 분석

주요 변수와 자립의지 간 상관관계 분석을 살펴보면 다음과 같다. 결혼 상태와 자립의지는 부적 상관관계를 나타내고 있다(r=-.191, p< 0.01). 결혼 상태가 별거나 이혼인 경우 자립의지가 높아진다고 볼 수 있다. 학력과 자립의지는 정적 상관관계를 나타내 학력이 높을수록 자립의지가 높아진다고 볼 수 있다(r=.156, p< 0.05). 현재 직업 유무가 자립의지와 정적 상관관계를 나타내고 있어, 직업이 있는 경우 자립 의지가 높아진다고 볼 수 있다(r=.145, p< 0.05).

성장기에 부모로부터의 폭력 경험과 성장기에 부모 간 폭력 경험은 자립의지와 부적 상관관계를 나타냈다(r=-.137, p< 0.05). 성장기에 부 모로부터 폭력을 경험했거나, 부모 간 폭력을 목격한 경우 자립의지

표 5-16 주요 변수와 자립의지의 상관관계 분석

변수	1	2	3	4	5	6	7	8	9	10	11	12	13	14	15
1. 연령	1														
2. 혼인 상태	.029	1													
3. 학력	-.336**	.076	1												
4. 자녀 수	.156*	-.103	-.149*	1											
5. 현재 직업 유무	.043	-.102	.042	.065	1										
6. 과거 직업 유무	-.169*	-.073	.112	-.134*	-.072	1									
7. 월평균 가계소득	-.004	.177**	.251**	.003	.077	.056	1								
8. 성장기 부모로부터 폭력 경험	-.064	.221**	.088	-.025	-.037	-.068	.113	1							
9. 성장기 부모 간 폭력 목격	-.104	.180**	.108	.001	.018	-.011	.160*	.564**	1						
10. 배우자의 자녀 폭력	-.253**	.028	.100	-.038	-.284**	.023	-.186*	.095	-.012	1					
11. 배우자의 폭력 수준	-.106	-.022	-.143*	.034	-.129*	.097	-.154*	.121*	.101	.270	1				
12. 피해자보호제도	.136*	.047	.065	.059	.120	-.167*	.090	-.046	-.007	-.164	-.183**	1			
13. 기관 유형	-.221**	-.358**	-.114	.048	-.160*	.117	-.181**	-.241**	-.202**	.157	.188**	-.138*	1		
14. 성역할 태도	-.147*	-.188	.258**	-.204**	.074	.131*	-.065	-.115	-.086	-.085	.074	.031	.161**	1	
15. 자립의지	-.043	-.191**	.156*	-.054	.145*	.122	-.081	-.137*	-.125*	.039	-.015	.125*	.196**	.441**	1

* p<0.05, ** p<0.01, *** p<0.001.

가 낮다고 볼 수 있다(r=-.125, p<0.05).

가정폭력 피해여성이 인지한 사회적 지지와 자립의지는 정적 상관
관계가 있는 것으로 나타났다(r=.125, p<0.05). 상담소 보호시설 기관
구분과 자립의지도 정적 상관관계를 갖는 것으로 나타났다(r=.196, p
<0.01). 성평등 의식과 자립의지는 중간 정도의 정적 상관관계를 갖
는 것으로 나타났다. 성평등 의식이 높을수록 자립의지가 높다고 볼
수 있다(r=.441, p<0.01).

5. 자립의지에 영향을 미치는 요인에 관한 분석

가정폭력 피해여성의 자립의지에 영향을 미치는 요인을 검증하기
위해 다중회귀분석을 했다. 상담소, 보호시설 구분을 통제하고, 선행
연구에서 자립의지에 영향을 미치는 요인이라고 제시되었던 변수들
과 이번 연구에서 자립의지에 대한 집단 간 차이가 있었던 변수, 상관
관계 분석에서 자립의지와 상관관계를 나타낸 요인들을 분석했다.

가정폭력 피해여성의 자립의지에 영향을 미치는 요인을 인구사회
학, 가정폭력 경험, 사회적 지지, 성평등 요인을 투입해, 각 변수의 변
화와 통계적 유의성을 살펴보았다. 분석 결과 각 변수 간 공선성은 모
두 공차한계 0.4 이상이었고 분산팽창지수(VIF: Variance inflation fac-
tor)도 모두 2.5 이하로 문제가 없었다.

표 5-17 **자립의지에 영향을 미치는 요인**

변수	모형 1				모형 2				모형 3			
	B	S.E	β	p	B	S.E	β	p-value	B	S.E	β	p
상수	24.04	7.687		.002	19.572	8.836		.029	2.655	8.814		.764
연령	.170	.099	.187	.089	.214	.102	.236	.039	.225	.091	.248	.015
학력	4.187	1.359	.336	.003	4.610	1.375	.370	.001	2.763	1.277	.222	.033
혼인 상태[1]	-.445	1.495	-.032	.766	-.333	1.489	-.024	.823	.078	1.335	.006	.953
자녀 수	.609	1.007	.061	.547	.800	1.011	.081	.431	1.016	.904	.102	.264
현재 직업 유무[2]	.206	1.385	.015	.882	.263	1.449	.019	.856	-.170	1.293	-.012	.896
과거 직업 유무[3]	3.284	1.539	.209	.036	3.564	1.535	.227	.023	3.729	1.384	.238	.008
소득	-.339	.429	-.081	.431	-.399	.435	-.095	.360	-.029	.396	-.007	.941
기관 유형[4]	2.210	1.634	.160	.179	3.501	1.737	.253	.047	4.386	1.662	.317	.010
폭력 경험					.734	.441	.185	.100	.891	.395	.225	.027
폭력 목격					-.008	.653	-.001	.990	-.033	.583	-.005	.955
자녀 폭력					.047	.045	.109	.301	.058	.041	.134	.159
폭력 수준					-.046	.038	-.125	.223	-.048	.034	-.129	.162
피해자 보호제도									1.618	.623	.265	.011
성역할 태도									.720	.210	.328	.001
R²	.147				.193				.375			
△R²	.074				.086				.276			
F	2.020				1.797				3.773***			

* p<0.05, ** p<0.01, *** p<0.001.
1) 혼인 상태 1, 이혼/별거 0   2) 직업 있음 1, 없음 0   3) 직업 있음 1, 없음 0   4) 보호시설 1, 상담소 0.

가정폭력 피해여성의 자립의지에 영향을 미치는 요인을 분석하기 위해, 모형1에서 통제변수와 함께 인구사회학적 요인을 투입했다. 모형 설명력은 7%였다. 회귀분석 결과 자립의지에 영향을 미치는 인구사회학적 요인은 학력(β=.336, p<.01), 과거 직업 유무(β=.209, p<.05)로 나타났다. 학력이 높을수록 자립의지가 높음을 알 수 있었고, 과거 직업 경험이 자립의지에 영향을 미치는 것으로 나타났다. 이는 권용신·김태진(2010)의 연구와도 일치하는 것으로, 학력이 높을수록 자립의지가 높은 것은 학력이 높을수록 사회적 네트워크와 인적자본이 풍부할 것으로 예측되기 때문이다. 과거 직업 경험이 자립의지에 영향을 미치는 것은 과거 노동시장에서의 경험이 경제적 자립의지에 대한 자신감에 영향을 미치는 것이라고 볼 수 있겠다. 이는 파일스와 바네르지(Pyles and Banerjee, 2010)의 연구 결과와도 일치한다.

2단계로 인구사회학적 요인과 가정폭력 경험 요인을 투입했다. 모형 설명력은 8%로 증가했다. 인구사회학적 요인 중 연령(β=.236, p<.05), 학력(β=.370, p<.01), 과거 직업 유무(β=.227, p<.05)가 자립의지에 영향을 미치는 것으로 나타났다.

연령이 높을수록 자립의지가 높은 것으로 나타났다. 이는 연령이 높을수록 가동 가능한 사회적 네트워크가 많고, 배우자의 변화 가능성에 대한 기대가 낮기 때문으로 사료된다. 많은 경우 연령이 높을수록 결혼을 지속하는 기간도 길어진다고 볼 수 있는데, 가정폭력 피해 여성에게는 가정폭력 지속 기간도 결혼 기간과 비례한다고 볼 수 있다. 그러므로 결혼 기간이 오래된 연령이 높은 가정폭력 피해자가 배우자의 변화 가능성에 대한 기대가 낮아 자립의지가 높은 것으로 해석할 수 있다.

2013년 여성가족부의 조사에 따르면, 가정폭력 행위자의 폭력 변화 양상에 대해 시간이 갈수록 폭력의 강도가 점차 심해진다고 응답한 경우가 24.8%, 폭력을 행사하는 횟수가 점차 늘어간다고 응답한 경우가 21.7%로 나타났다. 즉, 결혼 기간이 길고 연령이 높은 피해여성들이 더 심각한 폭력을 경험했을 가능성이 높다.

이는 연령이 낮을수록 자립의지가 높게 나타난 이은희·최광선(2012)의 연구나, 권용신·김태진(2010)의 연구 결과와는 상반되는 것으로 가정폭력의 특수성이 반영된 결과라고 볼 수 있겠다.

모형 1과 같이 모형 2에서도 학력이 높을수록 자립의지가 높은 것으로 나타났고, 과거 직업 경험이 있을수록 자립의지가 높은 것으로 나타났다. 그러나 모형 2의 주요 변수인 가정폭력 피해여성의 가정폭력 경험 요인은 자립의지에 영향을 미치지 않는 것으로 나타났다.

모형 3에서는 인구사회학적 요소, 가정폭력 경험, 사회적 지지, 성평등 의식 등 모든 요인을 투입했다. 모형 3의 모형 설명력은 27.6%였다. 모든 요인이 투입된 모형 3에서 자립의지에 영향을 미치는 인구사회학적 요인으로는 연령(β=.248, p<.05), 학력(β=.222, p<.05), 과거 직업 유무(β=.238, p<.01), 통제변수인 기관 유형(β=.317, p<.05)으로 나타났다.

연령과 학력이 높을수록 자립의지가 높은 것으로 나타났다. 또 과거 직업이 있을수록 자립의지가 높은 것으로 나타났다. 통제변수인 상담소와 보호시설 구분에서는 보호시설 거주자의 자립의지가 높은 것으로 나타났다. 가정폭력 경험 요인 중 성장기에 부모로부터의 폭력 경험이 있을수록 자립의지에 영향을 미치는 것으로 나타났다(β=.225, p<.05). 또한 가정폭력 피해자가 사회적 지지인 피해자보호제도를 잘 인지할수록 자립의지가 높은 것으로 나타났다(β=.265, p<.05).

가정폭력 피해여성의 성평등 의식이 평등할수록 자립의지가 높은 것으로 나타났다(β=.328, p<.01). 따라서 성평등 의식은 여러 요인들 중 자립의지에 가장 많은 영향을 미치는 것으로 나타났다. 성평등 의식이 높을수록 자립의지기 높을 것이라는 〈가설 1〉은 지지되었다. 이는 기존의 연구(박영란·강철희, 1999; McDonald and Dickerson, 2013)와 일치하는 결과이다. 이러한 연구 결과는 가정폭력 피해여성이 성평등 의식이 높을수록 더욱 적극적이고 자립적인 여성의 역할을 지향하는 것으로 볼 수 있다. 가정폭력 피해여성의 자립의지 향상에 성평등 의식이 매우 중요한 요인임을 알 수 있다.

사회적 지지 요인인 피해자보호제도를 인지할수록 자립의지가 높은 것으로 나타났다. 경찰의 긴급임시조치권, 피해자보호명령제도, 경찰의 현장출입조사권 등 피해자보호제도는 가정폭력 피해여성에게 직접적인 사회적 지지 요인이다. 제도적 차원의 강력한 사회적 지지를 인지하고 있는 것이 자립의지에 영향을 미치는 것으로 나타났다. 이로써 사회적 지지를 인지할수록 자립의지가 높아질 것이라는 〈가설 2〉는 지지되었다. 이러한 연구 결과는 쇼트와 그 동료들(L. M. Short et al., 2000)의 연구와 맥을 같이하는 것으로 사회적 지지를 인지하는 적극적인 태도가 자립의지에 영향을 미친다고 사료된다. 가정폭력 피해여성에 대해 법에 공적으로 명시되어 있는 사회적 지지는 가정폭력이 개인적 문제가 아니라 사회적 차원에서 개입해야 할 문제임을 명시해준다. 따라서 이는 가정폭력을 개인적인 사건, 자신의 잘못으로 발생한 문제라고 받아들이던 피해여성에게 매우 중대한 인식의 전환을 가져올 수 있다.

가정폭력 요인 중 성장기에 부모로부터의 폭력 경험이 많을수록 자립의지가 높은 것으로 나타났다. 이는 〈가설 3-2〉와 상반된 결과이다. 성장기 가정폭력 경험이라는 충격을 완화하는 요인이 존재할 가능성과 함께, 성장기에 부모로부터의 폭력 경험과 성장기 다른 요인들과의 상관관계를 분석할 필요가 있다. 이상준(2006)은 폭력 가정의 자녀들이 다양한 보호 요인에 의해 가정폭력의 충격을 완화한다는 연구 결과를 밝히고 있어 이러한 가능성을 뒷받침해준다.

배우자의 폭력 수준은 가정폭력 피해자의 자립의지에 영향을 미치지 않는 것으로 나타났다. 이는 김명숙의 연구와는 일치했으나, 배우자의 정신적 폭력이 많을수록 가정폭력 피해여성의 자립의지가 높다는 박명혜의 연구와는 상이하다. 또한 배우자의 폭력 증가는 가정폭력 피해여성이 '떠나는' 중요한 요인이라는 선행 연구(박언주, 2010a; L. M. Short et al., 2000; J. Belknap et al., 2009)와도 다른 결과이다. 가정폭력이 피해자들에게 후유증을 남기는 것이 사실이나, 그것들과 자립의지가 어떠한 역학 관계를 갖는지에 대한 좀 더 깊이 있는 후속 연구가 필요하다.

배우자의 자녀폭력 수준도 가정폭력 피해여성의 자립의지에 영향을 미치지 않는 것으로 나타났다. 이는 배우자의 자녀폭력 수준이 가정폭력 피해여성이 '떠나는' 요인과 관련이 있다는 선행 연구(정혜숙, 2013; J. C. Chang et al., 2010; L. M. Short et al., 2000)들과 다른 결과이다. 가정폭력 피해여성이 '떠나는' 요인으로 논의되어온 배우자의 폭력 수준과 배우자의 자녀폭력이 모두 자립의지에 영향을 미치지 않는 것으로 나타났다. 이는 폭력을 '떠나는' 것과 자립의지를 갖는 것이 다르다는 것을 보여주는 결과라고 추정해볼 수 있다. 가해자와 물리적으로 분리되는 것과 스스로 자립의지를 갖는 것이 다르다는 사실은 자립의지를 고취하기 위한 의도적 노력이 필요함을 보여준다.

인구사회학적 요인인 연령이 높을수록 자립의지가 높은 것으로 나타났다. 이러한 결과는 〈가설 4-1〉 '가정폭력 피해여성의 연령이 낮을수록 자립의지가 높을 것이다'와는 상반된 결과이다. 가정폭력 피해여성의 연령이 높을수록 결혼 기간이 길다고 볼 수 있는데, 이는 결혼 초기부터 발생된 가정폭력의 지속 기간이 길다고 볼 수 있다. 이는 류은주(2009)의 연구 결과와 같다. '참고 살아도 변화가 없다'처럼 오랜 가정폭력 경험에 따른 변화 가능성에 대한 자각의 결과라고 볼 수 있다.

가정폭력 피해여성의 결혼 형태는 자립의지에 영향을 미치지 않는 것으로 나타나서 〈가설 4-2〉 '가정폭력 피해여성의 결혼 형태가 별거나 이혼일 경우 자립의지가 높을 것이다'는 기각되었다. 이는 김명숙(2008)이나 박명혜(2009)의 연구 결과와는 차이를 보이고 있다. 두 가지 선행 연구는 보호시설 이용자들을 조사한 것에 비해, 여기서는 상담소와 보호시설 이용자 모두를 조사 대상자로 삼은 것으로 인한 차이로 보이나 이를 실증적으로 증명할 후속 연구들이 필요하다.

가정폭력 피해여성의 과거 직업 경험이 있을수록 자립의지가 높은 것으로 나타나 〈가설 4-3〉은 지지되었다. 이는 최종혁·김수완(2012)과 파일스와 바네르지(Pyles and Banerjee, 2010)의 연구 결과와 같으며, 과거 직업 경험이 경제적 독립에 대한 자신감을 높여 자립의지에 긍정적 영향을 미친다고 볼 수 있겠다. 반면 가정폭력 피해여성의 현재 취업 여부는 자립의지에 영향을 미치지 않는 것으로 나타나 〈가설 4-4〉는 기각되었다. 가정폭력 가해자들은 피해자들이 직업을 갖거나 경제적 독립을 이루려는 것을 교묘하게 방해한다. 이러한 이유로 가정폭력 피해자들은 직업을 갖지 못하거나, 폭력 때문에 직업을 유지하기 어렵다. 직업이 있었다 하더라도 신변 안전의 문제 등으로 보호시설 등에 입소하면서 직장을 그만두는 경우가 있기 때문에 현재 직업 여부가 자립의지에 영향을 미치지 않았다고 보인다. 이는 가정폭력 피해여성들이 안전을 이유로 직업을 떠나야 할 필요가 있기 때문에 장기적으로 안정적인 직업을 유지하기 어렵다는 스완버그와 그 동료들(Swanberg, Logan and Macke, 2005)의 연구와도 맥을 같이하는 것이다.

　가정폭력 피해여성의 월평균 가계소득은 자립의지에 영향을 미치지 않는 것으로 나타나 〈가설 4-5〉는 기각되었다. 월평균 가계소득의 많고 적음은 자립의지에 영향을 미치지 않는 것으로 나타났다. 이는 경제적 수준이 높은 사람일수록 가해자를 떠나기 어려워한다는 장벽 모델의 설명과도 다른 결과이다. 조사 대상자의 월평균 가계소득이 전체적으로 매우 낮아, 소득이 많고 적음이 크게 영향을 미치지 않은 것으로 사료된다.

제 6 장

결론 및 제언

1. 연구 결과 요약

이 연구는 가정폭력 피해여성의 자립의지 수준을 알아보고, 가정폭력 피해여성의 자립의지에 영향을 미치는 요인을 성평등, 사회적 지지, 가정폭력, 인구사회학적 요인의 다차원적인 측면에서 살펴보고, 이를 토대로 가정폭력 피해여성의 자립의지에 영향을 미치는 요인을 파악하려는 목적으로 수행되었다.

조사 분석 자료는 가정폭력 상담소 이용자 148명과 가정폭력 피해자 보호시설 거주자 119명을 대상을 설문 조사한 데이터를 사용했다 (여성가족부, 2013).

또 성평등 인식 요인(성역할 태도), 사회적 지지 요인(피해자보호제도 인지), 가정폭력 경험 요인(성장기에 부모로부터의 폭력 경험 유무, 성장기에 부모 간 폭력 목격 여부, 배우자의 가정폭력 수준, 배우자의 자녀폭력 수준), 인구사회학적 요인(연령, 교육 수준, 결혼 상태, 현재 직업 유무, 과거 직업 경험 유무, 자녀 수, 월평균 가계소득)을 사용해 분석했다.

먼저 조사 대상의 일반적 특징을 알아보기 위해 빈도분석을 실시했다. 다음으로 인구사회학적 요인, 성평등 인식 요인, 가정폭력 경험 요인, 사회적 지지 요인과 자립의지의 상관관계 분석과 각각의 집단 간 자립의지의 차이를 살펴보기 위해 t 검증과 ANOVA를 실시했다. 마지막으로 각각의 요인과 자립의지의 인과관계를 알아보기 위해 다중회귀분석을 실시했다. 그 결과를 요약하면 다음과 같다.

첫째, 가정폭력 피해여성의 자립의지 수준은 5점 만점에 평균 3.66으로 비교적 높게 나타났다.

둘째, 가정폭력 피해여성의 성평등 의식이 높을수록 자립의지가 높은 것으로 나타났다(β=.328, p<.01). 성평등 의식은 여러 요인들 중 자립의지에 가장 많은 영향을 미치는 것으로 나타났다. 이로써 가정폭력 피해여성의 성평등 의식이 평등할수록 자립의지가 높을 것이라는 〈가설 1〉은 지지되었다.

셋째, 가정폭력 피해여성의 자립의지에 영향을 미치는 사회적 지지인 가정폭력 피해자보호제도 인지(β=.265, p<.05)가 높을수록 자립의지가 높은 것으로 나타났다. 이로써 가정폭력 피해여성이 사회적 지지를 인지할수록 자립의지가 높아질 것이라는 〈가설 2〉는 지지되었다.

넷째, 가정폭력 경험 요인은 성장기에 부모로부터의 가정폭력 경험 유무, 배우자의 가정폭력 수준, 배우자의 자녀폭력 여부를 살펴보았다. 연구 결과, 배우자의 폭력 수준은 가정폭력 피해여성의 자립의지에 영향을 미치지 않는 것으로 나타나 〈가설 3-1〉 '가정폭력 피해여성이 경험한 배우자의 가정폭력 수준이 높을수록 자립의지가 높을 것이다'는 기각되었다. 성장기에 부모로부터의 폭력 경험(β=.225, p<.05)이 있을수록 자립의지에 영향을 미치는 것으로 나타났다. 성장기에 부모로부터 가정폭력 경험이 낮을수록 자립의지가 높을 것이라는 〈가설 3-2〉는 기각되었다. 성장기에 부모 간 폭력 목격은 가정폭력 피해여성의 자립의지에 영향을 미치지 않는 것으로 나타났다. 〈가설 3-3〉 '가정폭력 피해여성이 성장기에 부모 간 폭력 목격 경험이 적을수록 자립의지가 높을 것이다'는 기각되었다. 배우자의 자녀폭력 수준은 가정폭력 피해여성의 자립의지에 영향을 미치지 않는 것으로 나타났다. 〈가설 3-4〉 '배우자의 자녀폭력 수준이 높을수록 가정폭력 피해여성의 자립의지가 높을 것이다'는 기각되었다.

다섯째, 가정폭력 피해여성의 자립의지에 영향을 미치는 인구사회학적 요인으로는 가정폭력 피해여성의 연령, 결혼 형태, 교육 수준, 과거 직업 경험, 현재 직업 여부, 월평균 가계소득을 살펴보았다. 가정폭력 피해여성의 연령(β=.248, p<.05)이 높을수록 자립의지가 높은 것으로 나타나 〈가설 4-1〉 '연령이 낮을수록 자립의지가 높을 것이다'는 기각되었다. 가정폭력 피해여성의 결혼형태가 자립의지에 영향

을 미치지 않는 것으로 나타나 〈가설 4-2〉 '가정폭력 피해여성의 결혼 형태가 별거나 이혼일 경우 자립의지가 높을 것이다'는 기각되었다. 가정폭력 피해여성의 학력(β=.222, p<.05)이 높을수록 자립의지가 높은 것으로 나타나 〈가설 4-3〉 '가정폭력 피해여성의 교육 수준이 높을수록 자립의지가 높을 것이다'는 지지되었다. 가정폭력 피해여성에게 과거 직업 경험(β=.238, p<.01)이 있을 때 자립의지가 높은 것으로 나타났다. 이로써 〈가설 4-4〉 '가정폭력 피해여성이 과거 직업이 있었던 경우에 자립의지가 높을 것이다'는 지지되었다. 가정폭력 피해여성의 현재 취업은 자립의지에 영향을 미치지 않는 것으로 나타나 〈가설 4-5〉 '가정폭력 피해여성이 현재 취업 중일 때 자립의지가 높을 것이다'는 기각되었다. 가정폭력 피해여성의 월평균 가계소득은 자립의지에 영향을 미치지 않는 것으로 나타났다. 이로써 〈가설 4-6〉 '가정폭력 피해여성의 월평균 가계소득이 낮을수록 자립의지가 높을 것이다'는 기각되었다.

2. 결론 및 논의

자립의지는 가정폭력 피해여성에게 자립의 기초가 되고, 자립적인 삶을 유지해나가는 데 필수적이다. 이 책에서 다룬 연구는 자립의지에 영향을 미치는 요인을 다차원적인 측면에서 검증하려는 목적으로 이루어졌다. 연구 결과 성평등 의식 요인이 가정폭력 피해여성의 자립의지에 가장 많은 영향을 미치는 것으로 나타났다. 이는 기존의 연구에서는 다루어지지 않은 부분으로 향후 가정폭력 피해여성에 대한 사회복지적 개입에서 성평등 요인이 중요하게 다루어져야 함을 의미한다. 연구 결과를 통한 결론 및 논의는 다음과 같다.

첫째, 가정폭력 피해여성의 자립의지 수준은 5점 만점에 평균 3.66으로 비교적 높게 나타났다. 가정폭력 피해여성의 비교적 높은 자립의지는 피해여성이 '피해자'에 머물러 있지 않음을 보여준다. 피해여성들은 평균 이상의 자립의지를 가지고 스스로 살아가고자 하는 욕구를 가지고 있는 살아남은 자임을 증명한 것이다. 가정폭력 피해여성을 피해자에서 살아남은 자의 전환된 관점으로 인식하는 것은 피해여성 지원에 커다란 변화를 가져온다. 이는 전문가가 최선의 길을 잘 알수 있다는 기존의 문제 중심적 패러다임을 전환할 필요가 있음을 보여준다(김수영, 2012).

패러다임의 전환은 도와주어야 할 불쌍한 의존적 존재인 '피해자'에 대한 '시혜' 차원의 지원을, '살아남은 자'에 대한 존중과 '권리'의 차원으로 전환시킨다. '피해자'에 대한 지원이 당면한 피해와 치료에 집중한다면, '살아남은 자'에 대한 지원은 당면한 문제뿐 아니라 그의 생존의 힘을 강화하고 장래의 독립적이고 주체적인 삶을 지원하는 방향까지를 포괄한다. 이는 현재의 일시보호 중심의 가정폭력 피해여성에 대한 지원 정책의 변화를 필요로 한다. 현재의 단기적·일시적 지원

정책을 피해여성들의 욕구를 반영해 좀 더 장기적이고 본질적인 접근으로 변화시켜야 할 필요가 있다.

가정폭력 피해여성에 대한 살아남은 자적 관점은 피상담자에 대한 강점 관점의 접근이나 역량 강화의 연결 선상에 있다. 김희주·은선경(2007)은 강점관점의 모델과 권한 부여 모델은 둘 다 피상담자의 강점, 환경적 강점 전략을 강조하나, 역량 강화는 특별히 의식 향상을 강조한다고 설명했다. 권한 부여 모델은 다수준 개입 전략과 변화, 문제 해결과 행동에서 집합성을 강조한다고 했다.

이러한 권한 부여 접근에 대해 카스투리란간(A. Kasturirangan, 2008)은 임파워먼트 과정에는 '비판적 인지(critical awareness)'를 개발하는 과정이 포함된다고 했다. 이는 자원에 대한 접근 가능성에 영향을 미치는 사회적·정치적 힘을 이해하는 것이라고 했다. 이러한 비판적 인지를 통해 개인은 자원에 대한 장벽들이 왜, 그리고 어떻게 구성되었는지를 인식하게 된다는 것이다.

역량 강화 과정에서 비판적 인지와 의식 향상이 중요한 것은, 여성들이 자신이 경험한 폭력에 대해 사회적 압력의 영향을 이해할 수 있게 하는데 중요한 기제가 된다는 것이다. 장벽모델도 가정폭력 피해여성의 안전한 삶을 위해 사회와 가족에서의 역할 기대를 변화시키는 것이 중요하다고 강조했다. 여성들은 비판적 인지와 의식 향상을 통해 자책을 최소화하고 분배 정의를 촉진하고 자원 접근 가능성을 실질적으로 개선해, 폭력을 종식시킬 전략을 개발할 수 있다고 역설했다.

둘째, 연구 결과 성평등 의식은 자립의지에 가장 강력한 영향을 미치는 것으로 나타났다. 성평등 의식을 가질수록 자립의지가 높다는 것으로 선행 연구(박영란·강철희, 1999; McDonald and Dickerson, 2013)를 지지했다. 인구사회학적 요인, 가정폭력 경험 요인, 사회적 지지 요인을 모두 투입해도, 성평등 요인이 가정폭력 피해여성의 자립의지에 가장 많은 영향을 미치고 있는 것으로 나타났다. 이는 가정폭력 피해여성의 자립의지를 높이기 위해서는 성평등 의식을 향상시킬 수 있는 의식 교육 프로그램 등이 매우 필요하다는 것을 입증한다. 성평등 의식은 개인을 통해 발현되지만 사회가 가지고 있는 남녀별 역할의 바람직성을 반영해 내면화되며, 사회적 관계 속에서 강화되기 때문에 사회 전반적으로 성평등한 문화를 만들 수 있는 방안이 마련되어야 한다. 김명숙(2011)은 가부장적 의식은 가정폭력 피해여성들이 폭력에서 벗어난 이후 자립하는 과정에서 이들을 억압했다며 성평등 의식의 강화 필요성을 제기했다.

셋째, 사회적 지지가 가정폭력 피해여성의 자립의지에 영향을 미치는 것으로 나타났다(β=.265, P<.05). 사회적 지지는 가정폭력 관련 법에 명시되어 있는 피해자보호제도들로 살펴보았다. 구체적인 문항은 '경찰이 가해자를 48시간 동안 격리시킬 수 있는 긴급임시조치권', '피해자가 법원에 가해자와의 격리 등을 요청할 수 있는 피해자보호명령제도', '경찰이 가해자의 부동의에도 불구하고 집안에 들어갈 수 있는 현장출입조사권'으로 측정했고, 사회적 지지에 대한 인지가 자

립의지에 영향을 미친다는 쇼트와 그 동료들(L. M. Short et al., 2000) 과 맥러드와 그 동료들(McLeod, Hays and Chang, 2010)의 연구 결과를 지지했다.

가정폭력 피해자가 사회적 지지인 피해자보호제도를 인지하는 것 은 실질적인 도움을 구할 가능성을 높여주는 것이다. 이렇게 법에 명 시된 사회적 지지는 가정폭력 문제가 개인의 문제나 자신의 잘못으로 발생하는 문제가 아님을 알게 해준다. 이는 가정폭력의 귀인을 바꿀 수 있는 중요한 기준이 된다. 페이프와 아리아스(Pape and Arias, 2000) 는 가정폭력 피해여성이 폭력적 관계를 끊으려고 할 때 학대 정도의 악화와 폭력의 원인이 상대에게 있음을 인지하고 책임을 자신에게 돌 리던 태도에서 벗어나야 한다고 제언한다. 피해여성이 가정폭력을 자 신의 잘못으로 여기고 수치심에서 벗어나지 못하는 문제를 지적하며 가정폭력 피해여성들에게 '당신 잘못이 아니다'라는 분명한 피드백을 하는 것이 강력한 힘을 갖는다고 한다. 이는 야바헤리안과 그 동료들 (H. Javaherian et al., 2007)의 연구와도 일치한다.

사회적 지지인 피해자 보호제도에 대한 인지 여부가 가정폭력 피해 여성의 자립의지에 영향을 미치는 것은, 이러한 제도를 더욱 적극적 으로 홍보해야 할 필요성을 제기하고 있다.

넷째, 가정폭력 피해여성의 성장기 가정폭력 경험이 많을수록 자립 의지가 높은 것으로 나타났다(β=.265, P<.05). 성장기에 경험한 부 모의 폭력이 피해로 남기는 하나 이를 완화시킬 만한 보호 요인이 있

을 가능성과 성장기 폭력 경험 이외 다른 요인들과의 역동도 조사 분석할 필요가 있다. 최종혁·김수완(2012)은 같은 공식화된 빈곤층이라 하더라도 성장기 가정의 경제적 보호 체계와 가족 관계에 따라 자립의지의 배태 구조를 네 가지로 유형화했다. 이에 따라 공식화된 빈곤층의 직무 선택 및 직무 역량이 매우 다르다고 밝히고 있다. 따라서 가정폭력 피해여성의 성장기 가정폭력 경험과 성장기의 경제 수준을 비롯한 다른 요인들과의 관계를 밝히는 후속 연구를 진행할 필요가 있다.

다섯째, 가정폭력 피해여성의 연령이 높을수록 자립의지가 높은 것으로 나타났다(β =.248, P<0.05). 이는 연령이 낮을수록 자립의지가 높을 것이라는 일반의 예상을 깨는 것이다. 그러므로 가정폭력 피해여성의 연령이 높다 하더라도 피해여성에 대한 교육 훈련을 강화해 그들의 자립의지를 현실화할 수 있는 실질적 지원이 이루어져야 할 것이다. 가정폭력 피해여성의 학력(β =.222, P<.05)이 높을수록 자립의지가 높은 것으로 나타났다. 이는 맥러드와 그 동료들(McLeod, Hays and Chang, 2010)의 연구를 지지하는 것으로 학력이 높을수록 사회적 자원 확보 가능성이 높은 것과 연결된다.

과거 직장 경험이 가정폭력 피해여성의 자립의지를 높이는 것으로 나타났다(β =.238, P<0.01). 이러한 결과는 파일스와 바네르지(Pyles and Banerjee, 2010)의 연구 결과를 지지한다. 과거 임금노동 경험이 경제적 자립에 대한 자신감으로 연결되었다고 볼 수 있다. 그뿐만 아

니라 과거 직업과 관련된 경험과 네트워크 사회적 연결망 등이 자립 의지에 긍정적인 영향을 미치는 것으로 사료된다. 여성들이 임금 노동시장에서 차별받고 있지만, 그럼에도 임금 노동시장에서의 경험이 매우 중요한 것으로 드러났다. 그러므로 더 많은 여성이 임금 노동시장에 참여할 수 있도록 성평등한 노동시장이 되어야 한다.

3. 제언

연구 결과를 토대로 가정폭력 피해여성의 자립의지를 향상시키기 위한 몇 가지 제언을 하고자 한다.

첫째, 가정폭력 피해여성의 자립의지 수준이 높은 것은 가정폭력 피해여성을 가정폭력 피해자로만 규정할 때 생기는 한계를 말해준다. 가정폭력 피해여성 중 쉼터나 상담소에 접근한 여성들은 이미 자신의 문제를 해결하기 시작했다고 볼 수 있다. 따라서 가정폭력 피해여성들이 피해자에서 살아남은 자로 전환된 삶을 살 수 있도록 다양한 측면의 지원이 필요하다. 우선적으로 보호시설을 이용하는 가정폭력 피해여성들에 대한 조건 없는 지원이 이루어져야 한다. 현재 가정폭력 피해여성들은 국민기초생활수급권자인가 그렇지 않은가에 따라 차별적인 지원을 받고 있어 이에 대한 시정이 이루어져야 한다. 다음으로 가정폭력 피해여성이 상담소나 보호시설을 인지하고 이용할 수 있도록 홍보를 강화해야 한다. 또 지역사회의 관련 기관을 비롯한 주민들이 가정폭력에 대한 민감성을 높이고 피해자를 지원할 수 있도록 더 유기적이고 지속적으로 기능하는 지역사회 네트워크가 마련되어야 한다. 한국여성의전화가 서울시 은평구에서 2011년부터 진행하고 있는 '가정폭력 없는 마을 만들기, 움직이는 네트워크'가 좋은 사례라 하겠다.

둘째, 가정폭력 피해여성이 자신이 겪은 일들을 제대로 인지하게 할 필요가 있다. 창과 그 동료들(J. C. Chang et al., 2010)은 가정폭력 피해여성들에게 자신이 겪은 폭력 수준이 심하다는 것을 깨닫게 하거나 자립을 도울 수 있는 자원에 대해 알린다든가, 당연히 안전하게 살 권리가 있다는 것을 교육하여 자신이 가진 힘, 상대방에 대한 이해, 학대적 관계에 대한 생각을 바꿈으로써 변화에 대한 동기부여를 시킬 수 있다고 제안하고 있다.

셋째, 가정폭력 피해여성들의 비교적 높은 자립의지가 자립적 삶으로 실현될 수 있도록 실질적 지원이 필요하다. 가정폭력 피해여성들의 자립을 도울 수 있는 자립 지원금, 주거 지원, 긴급 생활보호대상자로의 지정 등을 통해 가정폭력 피해여성의 자립을 도와야 한다. 또한 자립 생활을 유지하기 위해서도 자립의지가 강화되어야 하므로 가정폭력 피해여성이 자립한 이후에도 심리적 지지를 받을 수 있는 지지 집단 등이 필요하다. 크로니스터와 맥허터(Chronister and McWhirter, 2003)는 대부분의 피해여성을 위한 지원 방안은 단기간의 직업 알선과 정보 제공 위주라서, 가해자로부터 더 확실하게 독립하기 위해서는 더 장기적인 직업 개발이 필요하다고 밝히고 있다. 이는 우리의 경우도 마찬가지인데, 현재 가정폭력 피해자 보호시설에서 진행되고 있는 취업훈련은 3~6개월 정도여서 더욱 높은 급여의 직종이나 향후 발전 가능성을 기대하기 어렵다는 문제가 있다.

넷째, 가정폭력 피해여성의 성평등 의식이 자립의지에 가장 많은 영향을 미치는 것으로 나타났다. 이는 가정폭력 피해여성이 좀 더 성평등한 인식을 가질 수 있도록 상담소나 보호시설의 프로그램이 마련되어야 함을 말해준다. 가정폭력 피해여성들이 자신에게 발생한 배우자의 폭력과 성불평등에 대해 비판적 인지를 할 수 있도록 해야 한다. 이를 위해 여성주의적 상담 접근이 반드시 필요하다. 여성주의 상담은 집단적 접근을 통해 비판적 인지와 의식 향상을 도모한다. 또한 개인의 변화와 성차별적인 사회구조의 변화를 목표로 한다.

다섯째, 피해여성에 대한 사회적 지지 제도가 자립의지에 영향을 미치는 것으로 나타남에 따라 피해자 지원 제도 등에 대한 인지도 향상을 위해 좀 더 적극적이고 실질적인 홍보가 필요하다.

여섯째, 가정폭력 상담소나 보호시설이 성평등적 관점을 가지고 운영되기 위해서는 기관 운영자를 대상으로 성평등 교육 훈련 프로그램이 실시되어야 한다. 니컬스(A. J. Nichols, 2013)가 가정폭력 피해자 지지자 26명과 인터뷰한 결과 페미니스트 정체성과 이데올로기를 가진 지지자들이 비페미니스트 지지자에 비해 지지 활동에서 더욱 살아남은 자의 관점·사회 변화·다방면의 접근을 채택했다고 보고했다. 비페미니스트 지지자들은 살아남은 자적 관점을 택하기는 했지만 사회 변화나 다방면의 실행을 유지하지는 않았다. 따라서 가정폭력 피해자들을 지지하는 사람들이나 그 기관이 여성주의적 관점을 가질 필요가 있다고 볼 수 있다.

일곱째, 현재 우리나라의 가정폭력 피해자 지원 프로그램은 상담소와 보호시설을 중심으로 이루어져 있다. 그러므로 상담소나 보호시설을 이용하지 않는 피해여성들은 어떠한 도움도 받을 수 없다. 이는 보호시설을 퇴소한 피해여성의 경우도 마찬가지이다. 따라서 상담소나 쉼터에 오지 않는 더 많은 가정폭력 피해자들이 사회적 도움을 받을 수 있도록, 사회적 지원체계에 대한 홍보와 가정폭력에 대한 인식 개선을 위한 사업들이 지속되어야 한다.

4. 연구의 의의 및 제한점

이 연구는 가정폭력 피해여성의 자립의지에 영향을 미치는 요인에 관한 탐색적 연구이다. 연구의 의의는 다음과 같다. 첫째, 가정폭력 피해여성의 자립의지 관련 연구가 미흡한 상황에서 이에 대한 실증적 연구 결과를 제시했다. 둘째, 가정폭력 피해여성의 자립의지에 영향을 미치는 변수를 성평등 요인, 사회적 지지 요인, 가정폭력 경험 요인, 인구사회학적 요인의 다차원으로 검증했다. 셋째, 성평등 의식과 사회적 지지를 제도적 측면으로 측정하는 등 그동안 검증되지 않았던 범주와 변수를 연구에 포함시켜 그 영향력을 검증해냈다. 넷째, 도출된 변수들을 통해 가정폭력 피해여성의 자립의지를 높일 수 있는 사회복지적 방안의 기초를 마련했다.

연구의 한계는 활용된 데이터가 해당 연구를 위해 구축된 자료가 아니라는 점이다. 이 연구는 여성가족부의 '가정폭력 피해자 실태조사' 결과를 활용한 2차 연구로서 연구에서 사용한 자료가 연구의 내용을 충분히 담기에는 한계가 있었다. 또한 당사자의 직접 기입 방식으로 조사했기 때문에 사회적 바람직성에 의한 응답의 편의성이 있을 수 있다.

연구 결과를 바탕으로 후속 연구를 제안하면 다음과 같다. 먼저, 성평등 의식을 강화시킬 수 있는 프로그램 개발과 그 효과성에 대한 검증이 필요하겠다. 또 가정폭력 피해여성의 성장기 가정폭력 경험과 성장기 경제 수준을 비롯한 다른 요인들의 관계를 밝히는 후속 연구를 진행할 필요가 있다. 마지막으로 가정폭력 피해자 생활 시설과 상담소 이용자에 따른 자립의지와 자립 요인에 대한 심층 연구를 제안한다.

참고문헌

〈국내 문헌〉

강윤경. 2012. 「결혼이민여성의 심리사회적 스트레스가 자살생각에 미치는 영향연구: 사회적 지지 조절효과 중심으로」. 성결대학교 일반대학원 박사학위 논문.

강정희. 2012. 「영구임대아파트 거주민의 자립의지에 미치는 영향요인에 관한 연구」. 경성대학교 대학원 박사학위 논문.

공미혜·오세자. 2010. 「국제결혼 부부의 성역할태도와 사회적 지지가 결혼만족도에 미치는 영향: 부산지역 베트남, 필리핀 여성과 한국남성 부부를 중심으로」. ≪가족과 문화≫, 제22집 제2호, 95~120쪽.

권용신·김태진. 2010. 「자활프로그램 질과 자립의지에 대한 직무만족의 조절효과: 여성자활사업 참여자를 중심으로」. ≪사회복지개발연구≫, 제16권 제1호, 1~27쪽.

김경휘. 2012. 「자활사업 효과성 분석을 위한 자활사업 참여자 실태조사 연구」. 중앙자활센터 엮음. ≪자활읽기≫, 제8호, 23~29쪽.

김광일 편저. 1988. 『가정폭력: 그 실상과 대책』. 탐구당.

김금열. 2002. 「자활근로 대상자를 위한 심리사회적 문제해결 능력향상 프로그램의 효과성」. 가톨릭대학교 대학원 석사학위 논문.

김기환. 1995. 「아동학대의 세대간 전승을 단절시키는 생태학적 변인 연구」. ≪연세 사회복지연구≫, 제2권, 26~45쪽.

김도연·김병수. 2013. 「배우자폭력 피해 실태와 관련 변인의 영향력」. ≪한국가족학회지≫, 제17권 제4호, 117~136쪽.

김명숙. 2008. 「사회적지지가 가정폭력 피해여성의 자립의지에 미치는 영향에 관한 연구: 쉼터입소 여성을 중심으로」. 성균관대학교 사회복지대학원 석사학위 논문.

_____. 2011. 「가정폭력 피해여성의 자립과정에 관한 연구: 근거이론 접근」. 백석대

학교 대학원 박사학위 논문.

김민예숙·김혜경·배인숙·이문자·이미혜·정춘숙·황경숙. 2005. 『왜 여성주의 상담인 가?: 역사, 실제, 방법론』. 한울.

김선숙. 2005. 「여성폭력쉼터 퇴소자의 사회적응과 생활만족도에 미치는 영향요인」. 한림대학교 대학원 석사학위 논문.

김성언. 2010. 「폭력피해와 성차: 폭행·상해·협박과 괴롭힘을 중심으로」. ≪형사정 책연구≫, 제21권 제3호(통권 제83호, 2010년 가을호), 103~134쪽.

김성일. 2005. 「가정폭력, 성역할 학습, 학교폭력의 관계」. ≪청소년학연구≫, 제12 권 제4호, 215~241쪽.

김수영. 2012. 「빈곤여성 역경극복 과정: 강점관점 사례관리 참여자를 중심으로」. 숭실대학교 대학원 박사학위 논문.

김애리·박정렬. 2008. 「성역할 관련 태도가 강간통념 수용에 미치는 영향」. ≪기본 간호학회지≫, 제15권 제1호, 98~106쪽.

김영미·류연규. 2013. 「젠더레짐에 따른 성역할태도 결정요인 차이에 관한 연구: 스 웨덴, 독일, 한국비교」. ≪가족과 문화≫, 제25집 제2호, 90~128쪽.

김은경·김홍미리·박신연숙·박영란·박인혜·변화순·이미혜·이호중·정춘숙·황정임. 2008. 『가정폭력: 여성인권의 관점에서』. 한울.

김은지. 2010. 「부부커뮤니케이션과 결혼만족의 관계: 긍정지향 편향과 성역할 태도 의 매개효과를 중심으로」. 영남대학교 대학원 박사학위 논문.

김익기·심영희. 1988. 「가정폭력의 실태와 대책에 관한 연구」. 한국여성정책연구원.

김인숙. 1997. 『여성운동과 사회복지』. 나남.

_____. 2011. 「성매매 피해 청소년의 자립지원방향」. ≪여성과 인권≫, 제6권, 53~ 71쪽.

김재엽. 1998. 「한국인의 스트레스와 가정폭력에 관한 연구」. ≪가족과 문화≫, 제 10집 제2호, 99~116쪽.

김재엽·이지현·정윤경. 2007. 「부부폭력 가해자의 성장기 아동학대 경험이 자녀학 대에 미치는 영향-부모역할 만족도를 중심으로」. ≪사회복지연구≫, 제35권, 291~

312쪽.

김재엽·장윤경·이근영. 2008. 「아내폭력 재 피해 경험이 여성의 우울에 미치는 영향과 사회적지지 관계망의 조절효과: 가정폭력 행위자 교정·치료 프로그램에 참여한 남성의 아내를 중심으로」. ≪대한가정학회지≫, 제46권 제8호, 85~95쪽.

김재엽·채수찬. 2005. 「스트레스 및 성역할태도가 아내구타에 미치는 영향에 관한 연구: 한국과 인도네시아의 아내구타 실태 비교를 중심으로」. ≪동남아시아연구≫, 제15권 제2호, 187~222쪽.

김정란·김경신. 2003. 「아내학대에 대한 생태체계적 접근」. ≪한국가정관리학회지≫, 제21권 제2호, 87~101쪽.

_____. 2007. 「사회적지지 및 대처방식이 아내학대 피해여성의 삶의 질에 미치는 영향」. ≪한국생활과학회지≫, 제16권 제1호, 27~37쪽.

김주현. 2006. 「가정폭력피해여성이 폭력에서 벗어나는 과정에 관한 근거이론」. 이화여자대학교 대학원 박사학위 논문.

_____. 2008. 「가정폭력 피해여성이 폭력에서 벗어나는 과정에 관한 연구」. ≪한국가족관계학회지≫, 제13권 제1호, 271~297쪽.

김지혜. 2009. 「성역할 태도가 기혼여성장애인의 생활만족도에 미치는 영향에 관한 연구」. 성균관대학교 대학원 석사학위 논문.

김현숙·김희재·오중환. 2011. 「결혼이주여성의 결혼의 질의 결정요인: 생활스트레스와 사회적지지의 중요성을 중심으로」. ≪한국인구학≫, 제34권 제1호, 27~51쪽.

김혜선. 1995. 「아내구타의 발생과 지속과정에 대한 연구: 매 맞는 아내에 대한 심층면접을 중심으로」. 한양대학교 대학원 박사학위 논문.

김희주·은선경. 2007. 「결혼이주여성의 적응을 위한 대처전략에 관한 사례연구-필리핀 여성을 중심으로」. ≪사회복지연구≫, 제35권(겨울), 33~66쪽.

류은주. 2009. 「가정폭력피해여성들의 생애사 연구: 자립과 자립 이후의 사회적응을 중심으로」. ≪한국가족복지학≫, 제26호, 5~33쪽.

_____. 2011. 「가정폭력 피해여성의 공동주거 시설 거주 경험에 관한 질적 사례연구: 주거지원사업 정책대상자를 중심으로」. ≪한국가족복지학≫, 제33권. 37~68쪽.

마틴, 델(Del Martin). 1984. 『매맞는 아내(Battered wives)』. 곽선숙 옮김. 홍성사.

박명혜. 2009. 「부부폭력 피해여성의 심리사회적 요인이 자립의지에 미치는 영향연구」. 상명대학교 대학원 박사학위 논문.

박애경. 2008. 「가정폭력 피해여성의 자아존중감과 우울에 대한 인지행동 모델 적용에 관한 연구」. 한영신학대학교 대학원 박사학위 논문.

박언주. 2010a. 「가정폭력 피해여성의 행동변화에 대한 연구」. ≪한구가족복지학≫, 제30권, 323~346쪽.

_____. 2010b. 「아내폭력 피해여성의 '도움을 요청하지 않는 행위에 대한 연구」. ≪여성학논집≫, 제27권 제2호, 193~224쪽.

박영란·강철희. 1999. 「저소득 모자가정 가구주의 자립의지에 영향을 미치는 요인들에 관한 연구」. ≪한국가족복지학≫, 제3호, 91~116쪽.

박영란. 2007. 「여성주의 관점에서 본 가정폭력 피해자의 욕구와 피해자 보호정책 패러다임의 변화」. ≪한국여성학≫, 제23권 제3호, 189~214쪽.

박현식·김세원. 2007. 「자활사업이 자립의지에 영향을 미치는 요인」. ≪교정복지연구≫, 제3호, 73~98쪽.

박희숙. 2000. 「여성폭력 쉼터 이용자들의 경제적 자립에 관한 연구」. 수원대학교 행정대학원 석사학위 논문.

법무부. 2010. 여성통계.

_____. 2012. 여성통계.

변규란·이정은·최수찬. 2007. 「모자보호시설 가구주의 심리사회적 요인이 자립의지에 미치는 영향: 공식/비공식 사회적 지원의 조절효과를 중심으로」. ≪한국가족복지학≫, 제12권 제3호, 139~166쪽.

빅토리아 주 정부(State Government Victoria). 2008. 『가정폭력 피해여성과 아동지원 활동가를 위한 실무지침(code of practice for specialist family violence services for women and children-domestic violence victoria)』. 서울여성의전화 옮김. 서울여성의전화.

성정현. 1998. 「성역할 태도와 이혼여성의 적응에 관한 연구」. 서울대학교 대학원 박사학위 논문.

신영화. 1999. 「학대받는 아내의 능력고취를 위한 집단사회사업실천의 효과성」. 서울대학교 대학원 박사학위 논문.

신은주. 1995. 「아내학대에 대한 페미니스트 접근에 관한 사회사업적 분석」. 서울대학교 대학원 박사학위 논문.

신재은. 2012. 「쉼터입소경험을 통해 본 가정폭력 피해여성의 억압과 의식변화과정」. ≪교육인류학연구≫, 제15권 제2호, 123~152쪽.

양현아. 2009. 「가정폭력에 대한 비판적 성찰: 젠더폭력 개념을 중심으로」. ≪가족법연구≫, 제20권 제1호, 1~45쪽.

여성가족부. 2010. 가정폭력 실태조사.

_____. 2013. 가정폭력 피해자 실태조사.

유엔사무총장 보고서. 2008. 『여성폭력종식: 담론에서 행동으로』. 여성부.

워커, E. 르노(Leonore E. Walker). 1997. 『그 사랑은 자유가 아니었다(The Battered Woman)』. 황애경 옮김. 열린.

월비, 실비아(Sylvia Walby). 1996. 『가부장제이론』. 유희정 옮김. 이화여자대학교 출판부.

이갑순. 2005. 「가정폭력 피해여성의 내러티브 만들기와 힘 기르기」. 서울대학교 대학원 박사학위 논문.

이상준. 2006. 「청소년의 가정폭력 노출이 사회적 탄력성에 미치는 영향에 대한 환경적 보호요인의 역할」. ≪한국 사회복지학≫, 제58권 제2호, 331~353쪽.

이영주. 2007. 「가정폭력 피해여성의 정신건강과 사회적응에 관한 연구: 사회적 지지의 매개효과 경로탐색」. 한영신학대학교 대학원 박사학위 논문.

이원숙·박미선. 2010. 『가정폭력 프로그램』. 학지사.

이은희·최광선. 2012. 「여성 한부모 가구주의 자립의지에 영향을 미치는 생태체계적 요인에 관한 연구」. ≪한국산학기술학회논문지≫, 제13권 제7호, 2983~2990쪽.

이인숙. 2004. 「가정폭력 피해여성을 위한 위기개입서비스 연계망 모형개발」. 부산대학교 대학원 박사학위 논문.

이주연. 2006. 「가정폭력 쉼터 이용 여성의 경제적 자립에 관한 연구」. 성신여자대
학교 대학원 석사학위 논문.

이준선·구상회. 2003. 「모자보호시설 프로그램과 사회적지지가 모자가정 母의 자립
의지에 미치는 영향」. ≪사회복지연구≫, 제36집, 159~186쪽.

이희연·박태정. 2010. 「가정폭력 피해여성이 사회적 배제 경험에 대한 현상학적 연
구」. ≪여성연구≫, 제78권 제1호, 159~200쪽.

임은주. 2004. 「여성장애인의 자립의지에 영향을 미치는 요인에 관한 연구」. 경상대
학교 대학원 석사학위 논문.

임정빈·정혜정. 1997. 『성역할과 여성: 여성학 강의』. 학지사.

장정자. 2006. 「쉼터 거주 가정폭력 피해여성들의 가정 복귀 및 자립의 요인: 경남,
부산, 대구 지역 11개 쉼터를 대상으로」. 경남대학교 행정대학원 석사학위 논문.

정민자·엄필선. 2001. 「가정폭력피해자들의 결혼과 결혼지속과정에 관한 생애과정
적 사례연구」. ≪한국가정관리학회지≫, 제20권 제3호, 49~61쪽.

정유미. 2012. 「여성의 성역할태도가 경제활동 참여여부와 참여형태에 미치는 영향」.
숭실대학교 대학원 석사학위 논문.

정주연. 2008. 「가정폭력 피해 여성이 폭력에서 벗어나는 과정에 관한 연구」. ≪한
국가족학회지≫, 제13권, 271~297쪽.

정재훈·장수정·황경란·김기태·박지은·박은정·권민정. 2013. 『폭력피해 경험여성의
경제적 자활 지원강화 방안연구』. 한국여성인권진흥원.

정춘숙. 1999. 가정폭력방지법 시행 1주년 기념 토론회. 한국여성의전화.

정춘숙·이문자·이미혜·배인숙·박영란·황경숙. 2008. 『여성주의적 가정폭력 쉼터 운
영의 실제』. 한울.

정혜숙. 2013. 「미국 한인 가정폭력피해 한부모 빈곤여성들의 자활경험」. ≪한국 사
회복지학≫, 제65권 제4호, 245~269쪽.

정희진. 2001. 『저는 오늘 꽃을 받았어요』. 또하나의문화.

조미숙. 1998. 「아내구타가정 아동의 심리·사회적 적응 관련변인 탐색을 통한 사회
사업적 접근에 관한 연구」. 서울여자대학교 대학원 박사학위 논문.

조윤오. 2010. 「가정폭력 피해여성의 폭력수용성에 관한 연구」. ≪피해자학연구≫, 제18권 제2호, 159~182쪽.

최종혁·김수완. 2012. 「공식화된 빈곤층의 자립의지에 관한 질적연구」. ≪한국 사회 복지행정학≫, 제14권 제4호, 165~200쪽.

켐프, 알란(Alan Kemp). 2001. 『가족학대·가족폭력(Abuse in the Family)』. 이화여 대사회복지연구회 옮김. 이화여자대학교 출판부.

쿠마라스와미(Radhika Coomaraswamy). 2000. 『여성에 대한 폭력, 그 원인과 결과』. 법무부 여성정책담당관실 옮김. 법무부.

한국여성의전화. 1999. 『한국여성인권운동사 '아내폭력추방운동사'』. 한울.

허먼, 주디스(Judith Herman). 2007. 『트라우마(Trauma and Recovery: The After of Violence)』. 최현정 옮김. 플래닛.

허민숙. 2011a. 「가정폭력 담론의 재구축: 가정폭력 피해자 담론과 역량강화 연속선」. ≪여성학 논집≫, 제28집 제1호, 121~158쪽.

_____. 2011b. 「가정폭력 재개념화를 위한 비교연구: 시민의 권리인가? 가정에 대한 보호인가?」. ≪가족과 문화≫, 제23집 제4호, 95~121쪽.

_____. 2012. 「"폭력이 있었던 것은 아니지만..": 친밀한 관계에서의 강압적 통제와 가정·폭력 재개념화를 위한 연구」. ≪페미니즘연구≫, 제12권 제2호, 69~103쪽.

_____. 2013. 「가정폭력에 대한 젠더 통합적 접근: [가정폭력 실태조사]비판을 중심 으로」. ≪가족과 문화≫, 제25집 제2호, 62~89쪽.

황정임. 2005. 「빈곤여성의 자활과정에 관한 근거이론 연구」. 이화여자대학교 대학 원 박사학위 논문.

⟨국외문헌⟩

Ali, P. A. and P. B. Naylor. 2013. "Intimate partner violence: A narrative review of the feminist, social and ecological explanations for its causation." *Aggression and Violent Behavior*, 18, pp.611~619.

Anderson, Kristin L. 2005. "Theorizing Gender in Intimate Partner Violence Research." *Sex Roles*, 52, Nos, 11/12, pp.853~865.

Anne, C. Kok. 2001. "Economic Advocacy for Survivors of Domestic Violence." *Affilia*, 16, p.180.

Barner, J. R. and M. M. Carney. 2011. "Interventions for intimate partner violence: A historical review." *Journal of Family Violence*, 26, pp.235~244.

Belknap, J., H. C. Melton, J. T. Denney, R. E. Fluery-Steiner and Sullivan C. M. 2009. "The levels and roles of social and institutional support reported by survivors of intimate partner abuse." *Feminist Criminology*, 4(4), pp.377~402.

Berkel, LaVerne A., Beverly J. Vandiver and Angela D. Bahner. 2004. "Gender Role Attitudes, Religion, and Spirituality as Predictors of Domestic Violence Attitudes in White College Students." *Journal of College Student Development*, 45(2), March/April, pp.119~133.

Block, J. H. 1973. "Conceptions of sex role: some cross-cultural and logitudinal perspectives." *American Psychologist*, 28, pp.512~526.

Bowen, Erica, Elizabeth A. Gilchrist and Anthony R. Beech. 2005. "An examin-ation of the impact of community-based rehabilitation on the offending be-haviour of male domestic violence offenders and the characteristics associated with recidivism." *Legal and Criminological Psychology*, 10(2), pp.189~209.

Brown, C., D. Reedy, J. Fountain, A. Johnson and T. Dichiser. 2000. "Battered women's career decision-making self-efficacy: further insights and contribut-ing factors." *Journal of Career Assessment*, 8(3), pp.251~265.

Bunch, C. 1990. "Women's Rights as Human Rights: Toward a Re-Vision of Human Rights." *Human Rights Quaterly*, 12, pp.486~498.

_____. 2004. "A feminist human rights lens." *Peace Review: A Journal of Social Just-ice*, 16(1), pp.29~34.

Bussey, K. and A. Bandura. 1999. "Social cognitive theory of gender development and differentiation." *Psychological Review*, 106(4), pp.676~713.

Cakir, S. G. and O. Y. Guneri. 2011. "Exploring the factors contributing to empowerment of Turkish migrant women in the UK." *International Journal of Psychology*, 46(3), pp.223~233.

Caplan, Gerald. 1974. *Support systems and community mental health: lectures in concept development*. NewYork: Behavioral Publications.

Chang, J. C., D. Dado, L. Hawker, P. A. Cluss, R. Buranosky, L. Slagel, M. McNeil and S. H. Scholle. 2010. "Understanding turning points in intimate partner violence: Factors and circumstances leading women victims toward change." *Journal of Women's Health*, 19(2), pp.251~261.

Christopoulos, Christina, Deborah A. Cohn, Daniel S. Shaw, Susan Joyce, Jean Sullivan-Hanson, Sherry P. Kraft and Robert E. Emery. 1987. "Children of Abused Women: I. Adjustment at Time of Shelter Residence." *Journal of Marriage and Family*, 49(3), pp.611~619.

Chronister, K. M. 2007. "Contextualizing women domestic violence survivors' economic and emotional dependencies." *American Psychologist*, 62(7), pp.706~708.

Chronister, K. M., B. Chris, K. M. O'Brien, K. B. Wettersten, M. Burt, C. Falkenstein and A. Shahane. 2009. "Domestic violence survivors: Perceived vocational supports and barriers." *Journal of Career Assessment*, 17(1), pp.116~131.

Chronister, K. M. and E. H. McWhirter. 2003. "Applying Social Cognitive Career Theory to the empowerment of battered women." *Journal of Counseling & Development*, 81, pp.418~425.

Chronister, K. M., D. Linville and K. P. Kaag. 2008. "Domestic Violence Survivors' Access of Career Counseling Services." *Journal of Career Development*, 34(4), pp.339~361.

Cohen, Sheldon and Harry M. Hoberman. 1983. "Positive Events and Social Supports as Buffers of Life Change Stress." *Journal of Applied Social Psychology*, 13(2), pp.99~125.

Cole, Patricia and Sarah M. Buel. 2000. "Safety and Financial Security for Battered Women: Necessary Steps for Transitioning from Welfare to work." *Poverty law & policy*, 7(2), pp.307~345.

Collins, Joshua C. 2011. "Strategy of Career Interventions for Battered Women." *Human Resource Development Review*, 10(3), pp.246~263.

Conroy, A. A. 2014. "Gender, power, and intimate partner violence: A study on couples from rural Malawi." *Journal of Interpersonal Violence*, 29(5), pp.866~888.

Dobash, R. E. and R. Dobash. 1979. *Violence against Wives*. New York: Free Press.

_____. 1981. "Social Science and Social Action: The Case of Wife Beating," *Journal of Family Issues*, 2(4), pp.439~470.

Donna L. Ansara, J. Hindin Michelle. 2011. "Psychosocial Consequences of Intimate Partner Violence for Women and Men in Canada." *J Interpers Violence*, pp.1628~1645.

Eisikovits, Z. and B. Bailey. 2011. "From dichotomy to continua: Towards a transformation of gender roles and intervention goals in partner violence." *Aggression and Violent Behavior*, 16, pp.340~346.

Ergöçmen, B. A., I. Yüksel-Kaptanoglu and H. A. F. M. Jansen. 2013. "Intimate partner violence and the relation between help-seeking behavior and the severity and frequency of physical violence among women in Turkey." *Violence Against Women*, 19(9), pp.1151~1174.

Fanslow, Janet L. and Elizabeth M. Robinson. 2010. "Help-Seeking Behaviors and Reasons for Help Seeking Reported by a Representative Sample of Women

Victims of Intimate Partner Violence in New Zealand." *Journal Interpersonal Violence*, 25(5), pp.929~951.

Flueury, R. E., C. M. Sullivan and D. I. Bybee. 2000. "When ending the relationship does not end the violence: Women's experiences of violence by former partners." *Violence Against Women*, 6(12), pp.1363~1383.

Fleury, R. E., C. M. Sullivan, D. I. Bybee and W. S. Davidson. 1998. "'Why don't they just call the cops?': Reasons for differential police contact among women with abusive partners." *Violence and Victims*, 13(4), pp.333~346.

Grigsby. N and R. Hartman Brenda. 1997. "THE BARRIERS MODEL: An Integrated Strategy for Intervention with Batterd Women." *Psychotherapy*, 34(4), Winter, pp.485~497.

Gondolf, E. W. and E. R. Fisher. 1988. *Battered Women as Survivors*. New York: Lexington Books.

Gottfredson, Michael R. and Travis Hirschi. 1990. *A general theory of crime*. Chicago: Stanford University Press.

Hahn, S. A. and J. L. Postmus. 2013. "Economic empowerment of impoverished IPV survivors: A review of best practice literature and implications for policy." *Trauma Violence Abuse*, 15(2), pp.79~93.

Halvorsen, K. 1998. "Symbolic purpose and factual consequences of the concepts 'Self-reliance' and 'Dependency' in contemporary diacourses on welfare." *Scand J Social Welfare*, 7, pp.56~64.

Hoff, Lee Ann. 1990. *Battered Women as Survivors*. London: Routledge.

House, James S. 1981. *Work Stress and Social Support*. Massachusetts: Addison-Wesley Publishing Company.

Jacinto, G. A., B. F. Turnage and I. Cook. 2010. "Domestic Violence Survivors: Spirituality and Social Support." *Journal of Religion & Spirituality in Social Work: Social Thought*, 29(2), pp.109~123.

Javaherian, H., V. Krabacher, K. Andriacco and D. German. 2007. "Surviving domestic violence: Rebuilding one's life." *Occupational Therapy in Health Care*, 21(3), pp.35~59.

Jenkins, Pamela J. 1996. "Contested Knoweledge: Battered Women as Agents and Victims." in Pamela J. Jenkin and Steve Kroll-Smith(eds.). *Witnessing for Sociology: Sociologists in Court, Westport.* CT: Praeger.

Johnson, M. P. 2010. *A typology of domestic violence: Intimate terrorism, violent resistance, and situational couple violence.* NH: Northeastern University Press.

_____. 2011. "Gender and types of intimate partner violence: a response to an anti-feminist literature review." *Aggression and Violent Behavior*, 16, pp.289~296.

Kahn, R. and S. Tobin. 1981. "Community treatment for aged persons with altered brain function." in N. Miller and G. Cohen(eds.). *Clinical Aspects of Alzheimer's Disease and Senile Dementia.* New York: Raven Press.

Kallivayalil, Diya. 2007. "Feminist Therapy: Its Use and Implications for South Asian Immigrant Survivors of Domestic Violence." *Women & Therapy*, 30(3-4), pp.109~127.

Kasturirangan, Aarati. 2008. "Empowerment and programs designed to address domestic violence." *Violence Against Women*, 14(12), pp.1465~1475.

Kaufman, Joan and Edward Zigler. 1987. "Do Abused Children Become Abusive Parents?" *American Journal of Orthopsychiatry*, 57(2), April, pp.186~192.

Kok, A. C. 2001. "Economic advocacy for survivors of domestic violence." *Affilia*, 16(2), pp.180~197.

Kopp, Claire B. 1982. "Antecedents of self-regulation: A developmental perspective." *Developmental Psychology*, 18(2), pp.199~214

Lee, M. 2007. "Discovering strengths and competencies in female domestic violence survivors: An application of Roberts' continuum of the duration and severlty of woman battering." *Brief Treatment and Crisis Intervention*, 7, pp.102~

114.

Levendosky, Alytia A., G. Anne Bogat, Sally A. Theran, Jennifer S. Trotter, Alexander von Eye, William S. Davidson. 2004. "The Social Networks of Women Experiencing Domestic Violence." *American Journal of Community Psychology*, 34, September, pp.95~109.

Lewis, Carla S., Sascha Griffing, Melissa Chu, Tania Jospitre, Robert E. Lorraine Madry and Beny J. Primm. 2006. "Coping and Violence Exposure as Predictors of Psychological Functioning in Domestic Violence Survivors." *Violence Against Women*, pp.340~354.

Lloyd, Susan. 1997. "The Effects of Domestic violence On Women's Employment." *LAW & POLICY*, April, pp.139~167.

Lutenbacher, M., C. Alison and M. Julia. 2003. "Do We Really Help? Perspectives of Abused Women." *Public Health Nursing*, 20(1), pp.56~64.

Maluccio, A. N. 1990. "Client feedback and creativity in social work." in H. H. Weissman(ed.). *Serious Play: Creativity and Innovation in Social Work*. MD: National Association of Social Workers.

Martin, Sandra L., K. T. English, K. A. Clark, D. Cilenti and L. L. Kupper. 1996. "Violence and substance use among North Carolina pregnant women." *American Journal of Public Health*, July, pp.991~998.

McAusalan, P. 1992. "The discovery of wife abuse and battered women's perceptions of support." doctoral dissertation, University of Guelph, Canada.

McDonald, P. W. and S. Dickerson. 2013. "Engendering independence while living with purpose: Women's lives after leaving abusive intimate partners." *Journal of Nursing Scholarship*, 45(4), pp.388~396.

McLeod, Amy L., Danica G. Hays, and Catherine Y. Chang. 2010. "Female Intimate Partner Violence Survivors' Experiences With Accessing Resources." *Journal of Counseling & Development*, 88(3), pp.303~310.

Meyer, Alicia, Barry Wagner and Mary Ann Dutton. 2010. "The Relationship Between Battered Women's Causal Attributions for Violence and Coping Efforts." *J Interpers Violence*, 25(5), pp.900~918.

Mitchell, Roger E. and Christine A. Hodson. 1983. "Coping with Domestic Violence: Social Support and Psychological Health Among Battered Women." *American Journal of Community Psychology*, 11(6), pp.629~654.

More, Angel M. and Myrtle P. Bell, 2004. "Abject Economics-The Effects of Battering and Violence on Womens's Work and Employ ability." *Violence Against Women*, 10(1), pp.29~55.

Nichols, A. J. 2013. "Meaning-making and domestic violence victim advocacy: An examination of feminist identities, ideologies, and practices." *Feminist Criminology*, 8(3), pp.177~201.

_____. 2014. "No-drop prosecution in domestic violence cases: Survivor-defined and social change approaches to victim advocacy." *Journal of Interpersonal Violence*, 29(11), pp.2114~2142.

Nurius, P.S., R. J. Macy, I. Nwabuzor and V. L. Holt. 2011. "Intimate partner survivors' help-seeking and protection efforts: A person-oriented analysis." *Journal of Interpersonal Violence*, 26(3), pp.539~566.

O'Keefe, Maura. 1994. "Linking marital violence, mother-child/father-child aggression, and child behavior problems." *Journal of Family Violence*, 9(1), March, pp.63~78.

_____. 1998. "Factors Mediating the Link Between Witnessing Interparental Violence and Dating Violence." *Journal of Family Violence*, 13(1), pp.39~57.

Osmond, M. W. and P. Y. Martin. 1975. "Sex and Sexism: A Comparison of Male and Female Sex-Role Attitudes." *Journal of Marriage and Family*, 37(4), Nov, pp.744~758.

Palacios, Norma. 2005. "The impact of self-esteem on domestic violence victimization." California State University, Long Beach, ProQuest, UMI Dissertations Publishing.

Pape, K. T. and I. Arias. 2000. "Perceptions and attributions in battered women's intentions to permanently end their violent relationships." *Cognitive Therapy and Research*, 24(2), pp.201~214.

pearson, Jessica at al. 2001. "Balancing Safety and Self-Sufficiency Lessons on Serving Victims of Domestic Violence for Child Support and Public Assistance Agencies." *Violence Against Women*, 7(2), pp.176~192.

Peled, E., Zvi Eisikovits, Guy Enosh and Zeev Winstok. 1998. "Choice and Empowerment for Battered Women Who Stay: Toward a Constructivist Model." *Social Work*, 45(1), pp.9~25.

Phillips, Beth and Debby A. Phillips. 2010. "Learning From Youth Exposed to Domestic Violence: Decentering DV and the Primacy of Gender Stereotypes." *Violence Against Women*, 16(3), pp.291~312.

Ponic, P., C. Varcoe, L. Davies, M. Ford-Gilboe, J. Wuest and J. Hammerton. 2011. "Leaving≠moving: Housing patterns of women who whve left an abusive partner." *Violence Against Women*, 17(12), pp.1576~1600.

Pyles, L. and M. M. Banerjee. 2010. "Work experiences of women survivors: Insights from the capabilities approach." *Affilia*, 25(1), pp.43~55.

Rivera, E. A., C. M. Sullivan and A. M. Zeoli. 2012. "Secondary victimization of abused mothers by family court mediators." *Feminist Criminology*, 7(3), pp. 234~252.

Scanzoni, J. H. and G. L. Fox. 1980. "Sex role, Family and Society: 'The seventies and beyond'." *Journal of Marriage and the Family*, 42, pp.20~23.

Schneider, Elizabeth M. 2000. *Battered Women and Feminist Lawmaking*. New Heaven and London: Yale University Press.

Short Lynn M., Pamela M. McMahon, Doryn Davis Chervin, Gene A. Shelley,

Nicole Lezin, Kira Sue Sloop and Nicola Dawkins. 2000. "Survivors' Identification of Protective Factors and Early Warning Signs for Intimate Partner Violence." *Violence Against Women*, 6(3), pp.272~285.

Stark, E. 2010. "Do Violent Acts Equal Abuse? Resolving the Gender Parity/Asymmetry Dilemma." *Sex Roles*, 62(3~4), pp.201~211.

Riger, Stephanie and Susan L. Staggs. 2004. "Welfare Reform, Domestic Violence, and Employment What Do We Know and What Do We Need to Know?" *Violence Against Women*, 10(9), pp.961~990.

Straus, M. A. and R. J. Gelles. 1990. *Physical Violence in American Families: Risk Factors and Adaptations to Violence in 8,145 Families*. New Brunswick, NJ: Transaction.

Strube, Michael J and Linda S. Barbour. 2014. "The Decision to Leave an Abusive Relationship: Economic Dependence and Psychological Commitment." *Journal of Marriage and Family*, 45(4), pp.785~793.

Sullivan, T. P., J. A. Schroeder, D. N. Dudley and J. M. Dixon. 2010. "Do Differing Types of Victimization and Coping Strategies Influence the Type of Social Reactions Experienced by Current Victims of Intimate Partner Violence?" *Violence Against Women*, 16(6), pp.638~657.

Swanberg, Jennifer E., TK Logan and Caroline Macke. 2005. "Intimate Partner Violence, Employment, and The Workplace: Consequences and Future Directions." *Trauma Violence Abuse*, 6(4), pp.286~312.

Tan, Cheribeth, Joanne Basta, Cris M. Sulivan and William S. Davidosn II. 1995. "The Role of Social Support in the Lives of Women Exiting Domestic Violence Shelters: An Experimental Study." *Journal of Interpers Violence*, pp.437~451.

Taylor, J. Y. 2004. "Moving from surviving to thriving: African American women recovering from imtimate male partner abuse." *Research and Theory for Nursing Practice*, 18(1), pp.35~50.

Towns, Alison and Peter Adams. 2000. ""If I Really Loved Him Enough, He Would be Okay": Women's Accounts of Male Partner Violence." *Violence Against Women*, 6(6), June, pp.558~585.

Vitaliano, Peter P., Joan Russo, John E. Carr, Roland D. Maiuro and Joseph Becker. 1985. "The ways of coping checklist: Revision and psychometric properties." *Multivariate Behavioral Research*, 20(1), pp.3~26.

Warner, Kate, Agnes Baro, Helen Eigenberg. 2004. "Stories of Resistance: Exploring Women's Responses to Male Violence." *Journal of Feminist Family Therapy*, 16(4), pp.21~42.

Weisz, A. N. 1999. "Legal advocacy for domestic violence survivors: The power of an informative relationship." *Families in Society*, 80(2), pp.137~147.

Weseley, J. K., M. T. Allison and I. E. Schneider. 2000. "The lived body experience of domestic violence survivors: An interrogation of female identity." *Women's Studies International Forum*, 23(2), pp.211~222.

Wettersten, Kara Brita, Susan E. Rudolph, Kir Faul, Kathlee Gallagher, B. Trangsrud Heather, Adams Karissa, Graham Sherna and Terrance Cheryl. 1997. "Freedom Through Self Sufficiency: A Qualitative Examination of the Impact of Domestic Violence on the Working Lives of Women in Shelter." *Journal of Counseling Psychology*, 51(4), pp.447~462.

Wettersten, Kara Brita, Susan E. Rudolph, Kir Faul and Kathlee Gallagher. 2004. "Freedom Through Self-Sufficiency: A Qualitative Examination of the Impact of Domestic Violence on the Working Lives of Women in Shelter." *Journal of Counseling Psychology*, 51(4).

Wilson, S. K., S. Cameron, P. Jaffe and D. Wolfe. 1989. "Children exposed to wife abuse: An intervention model." *Social Case work: The Journal of Contemporary Social Work*, 70, pp.180~184.

Yllo, K. A. 1993. "Through a feminist lens: Gender, Power and Violence." I R. J.

Gelles and D. R. Loseke(Eds.). *Current controversies on family violence*, pp.47~ 62, Newbury Park, CA: Sage Publications.

〈인터넷 사이트〉

여성가족부 홈페이지: www.moge.go.kr

여성가족부「가정폭력관련시설 운영실적」: http://www.index.go.kr/egams/stts/jsp /potal/stts/PO_STTS_IdxMain.jsp?idx_cd=1594 (검색일: 2013.5.14).

부록

Gallup 2013-162-008

가정폭력 피해자 실태조사

안녕하십니까?

여성가족부와 한국여성정책연구원은 〈2013년 전국 가정폭력 실태조사〉의 일환으로 〈가정폭력 피해자 실태조사〉를 병행 실시합니다. 본 조사는 '가정폭력방지 및 피해자보호 등에 관한 법률' 제4조 2항에 의해 진행되며, 가정폭력에 대한 효과적인 대응 및 피해자 보호·지원 정책을 수립하는 데 그 목적을 두고 있습니다. 응답 내용은 향후 가정폭력 피해자 보호·지원 정책 수립에 중요한 자료로 활용되오니 바쁘시더라도 잠시만 시간을 내주시기를 부탁드립니다. 더불어 응답 내용은 통계법에 의해 비밀이 보장되며 통계 작성 외의 목적으로는 사용하지 않습니다.

2013년 9월

■ 지역:	01) 서울	02) 부산	03) 대구	04) 인천	05) 광주
	06) 대전	07) 울산	08) 세종	09) 경기	10) 강원
	11) 충북	12) 충남	13) 전북	14) 전남	15) 경북
	16) 경남	17) 제주			

■ 지역 크기: 1. 대도시   2. 중소도시   3. 읍   4.면

■ 성별: 1. 남성   2. 여성

■ 연령: 만   세

■ 결혼 여부: 1. 기혼(사실혼/동거 포함)   2. 미혼 → 설문 종료

응답 방법: 귀하의 생각에 가장 가깝다고 생각되는 보기 번호에 O 또는 V 표시해주십시오.
또한, 별도의 지침이 없는 한 하나의 보기만 골라주십시오.

Ⅰ. 개인적 특성 및 폭력에 관한 태도

문1) 아래는 남성과 여성의 사회적 역할에 대한 생각입니다. 각 항목별로
   귀하의 생각과 가장 가깝다고 생각되는 번호를 선택해주십시오.

항목	전혀 그렇지 않다	그렇지 않다	그렇다	매우 그렇다
1. 사회에서 중요한 일을 추진하는 것은 주로 남자 의 역할이다	1	2	3	4
2. 사회적으로 남자가 리더가 되어야 한다	1	2	3	4
3. 성관계는 남자가 주도해야 한다	1	2	3	4
4. 집안일은 아내가 주로 해야 한다	1	2	3	4
5. 가정의 경제적 결정권은 남편이 가져야 한다	1	2	3	4
6. 아내가 직장을 가질 것인지 말 것인지는 남편의 의사를 따라야 한다	1	2	3	4
7. 자녀에 대한 중요한 결정(진학, 취학)은 남편의 의견이 아내의 의견보다 더 우선되어야 한다	1	2	3	4

문2) 아래 각 항목에 대해 귀하의 생각과 가장 가깝다고 생각되는 번호를 선
   택해주십시오.

항목	전혀 그렇지 않다	그렇지 않다	그렇다	매우 그렇다
1. 결과만 좋다면 폭력이 반드시 나쁜 것은 아 니다	1	2	3	4
2. 사회질서를 유지하기 위해서 폭력이 필요한 경우도 있다	1	2	3	4
3. 많은 경우 폭력이 일 처리를 쉽게 만든다	1	2	3	4
4. 싸움을 먼저 걸어온 사람을 때리는 것은 나 쁘지 않다	1	2	3	4
5. 학교나 군대에서 선배가 후배를 때리는 것은 용인될 수 있다	1	2	3	4

문3) 다음의 각 항목별로 귀하의 생각과 가장 일치하는 곳에 응답을 해주십시오.

항목	전혀 그렇지 않다	그렇지 않다	보통 이다	그렇다	매우 그렇다
1. 나는 어떻게든 나의 문제를 스스로 해결할 수 있는 방법이 있다고 생각한다	1	2	3	4	5
2. 나는 내게 맡겨진 일을 잘할 수 있다고 생각한다	1	2	3	4	5
3. 나는 언제나 내게 주어진 일에 최선을 다한다	1	2	3	4	5
4. 나는 나 혼자의 힘으로 어떤 일이든 할 수 있다	1	2	3	4	5
5. 내게는 어떤 어려움이라도 극복할 의지가 있다	1	2	3	4	5
6. 나의 일은 나의 의지대로 판단해 결정한다	1	2	3	4	5
7. 나는 내가 결정한 사항의 결과에 대해서 스스로 책임진다	1	2	3	4	5
8. 나는 남들 앞에서 나의 의견을 분명하게 이야기한다	1	2	3	4	5
9. 나는 비교적 인생의 목표가 뚜렷하다	1	2	3	4	5
10. 나는 나의 능력이 사회에 공헌할 수 있다고 생각한다	1	2	3	4	5
11. 나는 남편에게 의지하지 않고도 살 수 있다	1	2	3	4	5
12. 나는 필요한 경우 스스로 남에게 도움을 요청해 문제를 해결할 수 있다	1	2	3	4	5

문4) 귀하는 성장기(만 18세 이전) 동안에 부모로부터 다음과 같은 행동을 경험한 적이 있습니까?

문항	있음	없음
1. 부모는 나에게 욕설이나 무시하는 말 등 심한 말을 했다	1	2
2. 회초리로 손바닥이나 종아리를 때렸다	1	2
3. 손으로 때리거나 발로 찼다	1	2
4. 물건(골프채, 몽둥이, 칼 등)을 사용해 때리거나 다치게 했다	1	2
5. 식사를 챙겨주지 않거나, 아플 때 병원에 데리고 가지 않았다	1	2
6. 어른과 함께 있어야 하는 상황임에도 불구하고 혼자 있게 했다	1	2

문5) 귀하는 성장기(만 18세 이전) 동안에 부모님 사이에서 다음과 같은 행동이 일어난 것을 본 적이 있습니까?

문항	있음	없음
1. 욕설이나 무시하는 말 등 심한 말을 했다	1	2
2. 손으로 때리거나 발로 찼다	1	2
3. 물건(골프채, 몽둥이, 칼 등)을 사용해 때리거나 다치게 했다	1	2

II. 가정폭력 관련 사항

문6) 귀하의 배우자는 귀하에게 지난 1년(2012.9.1~2013.8.31) 동안 다음

과 같은 행동을 몇 번이나 했습니까? 해당되는 번호를 선택해주십시오.

항목	없음	가끔	자주	매우 많이
1. 친구들을 만나지 못하게 했다	1	2	3	4
2. 친정 식구(또는 본가)와 접촉을 못 하게 했다	1	2	3	4
3. 어디에 있는지 알려고 했다	1	2	3	4
4. 무시하거나 무관심하게 대했다	1	2	3	4
5. 다른 남자(또는 여자)와 이야기를 하면 화를 냈다	1	2	3	4
6. 다른 이성을 만난다고 의심했다	1	2	3	4
7. 병원에 가야 할 때에는 허락을 받도록 했다	1	2	3	4

문6-1) 귀하의 배우자는 지난 1년(2012.9.1~2013.8.31) 동안 귀하에게 다

음의 행동을 몇 번이나 했습니까? 해당되는 횟수 번호를 다음 표에서

선택해주십시오.

배우자가 나에게	지난 1년 동안 폭력 행동 횟수						
	없음	1회	2회	3-5회	6-10회	11-20회	20회 이상
1. 모욕적인 이야기를 해서 기분을 상하게 했다	1	2	3	4	5	6	7
2. 때리려고 위협했다	1	2	3	4	5	6	7
3. 나의 물건을 파손했다	1	2	3	4	5	6	7
4. 생활비를 주지 않았다	1	2	3	4	5	6	7

5. 동의 없이 재산을 임의로 처분했다	1	2	3	4	5	6	7
6. 수입과 지출을 독점했다	1	2	3	4	5	6	7
7. 나에게 물건을 집어던졌다	1	2	3	4	5	6	7
8. 어깨나 목 등을 꽉 움켜잡았다	1	2	3	4	5	6	7
9. 손바닥으로 뺨이나 신체를 때렸다	1	2	3	4	5	6	7
10. 목을 졸랐다	1	2	3	4	5	6	7
11. 칼이나 흉기 등으로 위협하거나, 다치게 했다	1	2	3	4	5	6	7
12. 혁대, 몽둥이로 때렸다	1	2	3	4	5	6	7
13. 사정없이 마구 때렸다	1	2	3	4	5	6	7
14. 내가 원치 않음에도 성관계를 강요했다	1	2	3	4	5	6	7
15. 내가 원치 않는 형태의 성관계를 강요했다	1	2	3	4	5	6	7

문6-2) 더불어, 1년 이전(2012.9.1. 이전)에는 배우자가 귀하에게 다음의 각 행동들을 했습니까? 하지 않았습니까? 그 유무를 다음 표에서 선택해주십시오.

배우자가 나에게	1년 이전 폭력 유무	
	함	안 함
1. 모욕적인 이야기를 해서 기분을 상하게 했다	1	2
2. 때리려고 위협했다	1	2
3. 나의 물건을 파손했다	1	2
4. 생활비를 주지 않았다	1	2
5. 동의 없이 재산을 임의로 처분했다	1	2
6. 수입과 지출을 독점했다	1	2
7. 나에게 물건을 집어던졌다	1	2
8. 어깨나 목 등을 꽉 움켜잡았다	1	2

9. 손바닥으로 뺨이나 신체를 때렸다	1	2	
10. 목을 졸랐다	1	2	
11. 칼이나 흉기 등으로 위협하거나, 다치게 했다	1	2	
12. 혁대, 몽둥이로 때렸다	1	2	
13. 사정없이 마구 때렸다	1	2	
14. 내가 원치 않음에도 성관계를 강요했다	1	2	
15. 내가 원치 않는 형태의 성관계를 강요했다	1	2	

문7) 귀하의 배우자가 귀하에게 위와 같은 폭력을 맨 처음 행사한 적은 언제
입니까?

1. 결혼 전 교제 기간 → 문7-1)로 이동

2. 결혼 후 ____년 ____개월 → 문8)로 이동

문7-1) 결혼 전에 지금의 배우자가 귀하에게 폭력을 행사한 적 있음에도 결
혼을 하신 가장 큰 이유는 무엇입니까? 하나만 골라주십시오.

1. 배우자에 대한 사랑

2. 폭력이 큰 문제가 아니라고 생각

3. 폭력을 고칠 수 있다고 생각

4. 임신

5. 성관계를 했기 때문에

6. 결혼하거나 아이를 낳으면 달라질 것이라고 생각

7. 재산/가문 등 배우자의 조건

8. 배우자가 나를 사랑하기 때문에 그런 거라고 생각해서

9. 배우자의 폭행과 협박

10. 배우자가 깊이 반성하는 모습을 보여서

11. 기타(적을 것: _____)

문8) 배우자가 폭력을 처음 행사한 후 배우자의 폭력에 변화가 있었습니까?

하나만 골라주십시오.

1. 특별한 변화 없이 폭력이 지속되어왔음

2. 폭력을 행사하는 횟수가 점차 늘어감

3. 폭력의 강도가 점차 심해짐

4. 여러 종류의 폭력으로 점차 확대됨

5. 폭력을 행사하는 횟수가 점차 줄어듦

6. 폭력의 강도가 점차 약해짐

7. 폭력의 종류가 점차 줄어듦

8. 기타(적을 것: _____)

문9) 배우자는 귀하에게 신체적 폭력을 주로 어느 시간대에 행사했습니까?

1. 오전

2. 오후

3. 야간

4. 구분 없이

5. 기타(적을 것: _____)

Ⅲ. 가정폭력으로 인한 피해

문10) 배우자의 폭력으로 인해 귀하가 겪은 신체적 증상이 있었습니까?

    1. 신체적 증상은 없었다

    2. 신체적 증상이 있었다

문10-1) 신체적 증상이 있었다면, 해당되는 것을 모두 선택해주십시오.

    1. 가벼운 상처, 멍드는 정도의 타박상

    2. 팔다리가 부러지는 골절상

    3. 고막이 터지거나 이가 부러지거나 온몸에 타박상을 입음

    4. 폭력으로 장애를 입거나 장애가 심해짐

    5. 유산 등 수술

    6. 만성 통증(두통, 요통 등)

    7. 기타(적을 것: _____)

문11) 배우자의 폭력으로 인해 귀하가 겪은 심리적 증상은 어떤 것이었습니까? 해당되는 것을 모두 선택해주십시오.

    1. 죽고 싶다는 생각

    2. 자신에 대한 실망감, 무력감

    3. 매사에 불안하고 우울함

    4. 배우자가 죽었으면 하는 생각

5. 배우자를 죽이고 싶은 생각

6. 분노심과 적개심

7. 집에서 벗어나고 싶은 생각

8. 불면증과 악몽에 시달림

9. 자살 충동과 자살 시도

10. 기타(적을 것: _____)

문12) 배우자의 폭력으로 인해 귀하의 사회생활이나 대인관계에 어떠한 어

　　　 려움이 발생했습니까? 모두 선택해주십시오.

1. 혼자서 밖에 나가는 것이 어려움

2. 사람 만나는 것이 싫거나 만나는 것을 기피하게 됨

3. 일에 지장이 생기거나 일정 기간 일을 그만둠

4. 자녀에게 폭력적이 되거나 관계에 어려움이 생김

5. 친구, 친척 등 친밀한 사람들과의 관계에 어려움이 생김

6. 기타(적을 것: _____)

98. 특별히 발생한 어려움은 없음

문13) 위의(문10~문12) 증상으로 병원 치료를 받았습니까?

1. 예 → 문14)로 이동

2. 아니오 → 문13-1)로 이동

문13-1) 병원 치료를 받지 않은 이유는 무엇입니까?

　　　1. 크게 다친 곳이 없어서

　　　2. 증상이 심각하지 않아서

　　　3. 돈이 없어서

　　　4. 가정폭력이 알려질까 창피해서

　　　5. 배우자가 병원에 가지 못하게 해서

　　　6. 기타(적을 것: _____)

Ⅳ. 가정폭력 대응

문14) 귀하는 배우자가 폭력을 행사할 때 배우자에게 한 번이라도 맞대응한

　　　적이 있습니까?

　　　1. 있다 → 문14-1)~문14-4) 응답 후 문15)로 이동

　　　2. 없다 → 문15)로 이동

> 참고: 맞대응이라 함은 배우자의 폭력에 맞서 말 또는 행동으로 같이 화를 내거나 폭력을 제
> 지하기 위한 행동(팔 등을 잡거나 몸을 밀치거나 같이 폭력을 쓴 경우)을 한 경우를 의미

문14-1) 귀하가 배우자에게 맞대응을 하게 된 가장 큰 이유는 무엇입니까?

　　　　아래 보기에서 한 가지만 골라주십시오.

　　　1. 맞대응을 하지 않으면 죽을 것 같아서

　　　2. 배우자의 폭력에 방어하기 위해서

　　　3. 다른 가족(예: 자녀)을 때리는 것을 막기 위해서

　　　4. 자녀가 보고 있어서

　　　5. 제정신이 아닌 상태에서 본능적으로

　　　6. 기타(적을 것: _____)

문14-2) 귀하가 배우자에게 맞대응을 했을 때 배우자는 주로 어떤 반응을

　　　　보였습니까? 하나만 골라주십시오.

　　　1. 폭력이 더욱 심해졌다

2. 신체적 폭력은 줄어들지만 욕설 등의 언어 폭력이나 정서 폭력을 행사했다

3. 폭력 행동을 중단했다

4. 잘못했다고 빌었다

5. 자리를 피해버렸다

6. 기타(적을 것: _____)

문14-3) 귀하가 배우자에게 맞대응을 했을 때 배우자는 주로 어느 정도의
       피해를 입었습니까? 하나만 골라주십시오.

   1. 신체적 피해는 없었다

   2. 가벼운 상처, 멍드는 정도의 타박상

   3. 팔다리가 부러지는 골절상

   4. 고막이 터지거나 이가 부러지거나 온몸에 타박상을 입음

   5. 머리가 아픈(두통) 정도

   6. 폭력으로 장애를 입거나 장애가 심해졌다

   7. 기타(적을 것: _____)

문14-4) 반대로, 귀하가 배우자에게 맞대응을 했을 때 귀하는 주로 어느 정
       도의 피해를 입었습니까? 하나만 골라주십시오.

   1. 신체적 피해는 없었다

   2. 가벼운 상처, 멍드는 정도의 타박상

   3. 팔다리가 부러지는 골절상

4. 고막이 터지거나 이가 부러지거나 온몸에 타박상을 입음

5. 머리가 아픈(두통) 정도

6. 폭력으로 장애를 입거나 장애가 심해졌다

7. 기타(적을 것: _____)

문15) 배우자가 폭력을 행사할 경우 귀하는 주로 어떻게 대응하셨습니까?

1. 그냥 당하고 있었다

2. 자리를 피하거나, 집 밖으로 피했다 → 문15-2)로 이동

3. 주위에 도움을 요청했다 → 문16)~문16-3)에 응답

4. 함께 폭력을 행사했다 → 문17)로 이동

5. 기타(적을 것: _____)

문15-1) 그냥 당하고 있었다면, 이유는 무엇입니까? 모두 선택해주십시오.

1. 무서워서

2. 대응하면 폭력이 심해지므로

3. 내가 잘못한 것이므로

4. 부부 싸움에서 일어날 수 있는 일이므로

5. 창피하고 자존심 상해서

6. 그 순간만 넘기면 되어서

7. 아이들 때문에

8. 기타(적을 것: _____)

문15-2) 자리를 피하거나 집 밖으로 나가 피한 경우, 피하는 곳은 주로 어디입니까?

모두 선택해주십시오.

1. 이웃이나 친구집

2. 가족/자매/친척의 집

3. 교회나 성당 등 종교 시설

4. 상담 기관/보호시설(가정폭력 쉼터)

5. 경찰서(지구대)

6. 찜질방이나 숙박 시설

7. 갈 곳이 없어 배회함

8. 집 안의 다른 곳

9. 기타(적을 것: _____)

문16) 배우자가 폭력을 행사할 때 주로 주위에 도움을 요청했다고 하셨는데, 다음의 각 대상별로 도움 요청 유무를 표시해주십시오.

구분	도움 요청 유무	
	있음	없음
1. 이웃이나 친구	1	2
2. 가족이나 친척	1	2
3. 자녀	1	2
4. 성직자 또는 일반 종교인	1	2
5. 사회복지 기관	1	2
6. 상담소	1	2
7. 보호시설	1	2

8. 여성긴급전화 1366	1	2
9. 경찰	1	2
10. 의료 기관	1	2
11. 기타(적을 것: _____)	1	2

문16-1) 문16)에서 '있음'이라고 응답한 대상에게서 받은 도움 내용을 모두
선택해주십시오.

구 분	도움 내용				
	받은 도움 없음	사랑, 격려, 이해, 돌봄, 관심 등	사건해결과 관련된 지식제공	돈, 물품, 노동 제공	꾸지람, 단점지적
1. 이웃이나 친구	1	2	3	4	5
2. 가족이나 친척	1	2	3	4	5
3. 자녀	1	2	3	4	5
4. 성직자 또는 일반 종교인	1	2	3	4	5
5. 사회복지 기관	1	2	3	4	5
6. 상담소	1	2	3	4	5
7. 보호시설	1	2	3	4	5
8. 여성긴급전화 1366	1	2	3	4	5
9. 경찰	1	2	3	4	5
10. 의료 기관	1	2	3	4	5
11. 기타(적을 것: _____)	1	2	3	4	5

문16-2) 마지막으로 문16)에서 '있음'이라고 응답한 대상과 알고 지낸 기간을 적어주십시오.

구 분	알고 지낸 기간	
	년	개월
1. 이웃이나 친구		
2. 가족이나 친척		
3. 자녀		
4. 성직자 또는 일반 종교인		
5. 사회복지 기관		
6. 상담소		
7. 보호시설		
8. 여성긴급전화 1366		
9. 경찰		
10. 의료 기관		
11. 기타(적을 것: _____)		

문16-3) 귀하는 도움을 요청한 대상에 대해 전반적으로 어떻게 느끼고 계십니까? 각 항목별로 선택해주십시오.

그들은 모두...	전혀 그렇지 않다	거의 그렇지 않다	보통 이다	그런 편이다	항상 그렇다
1. 사랑과 돌봄을 받고 있다고 느끼게 해준다	1	2	3	4	5
2. 내가 취한 행동의 옳고 그름을 평가해준다	1	2	3	4	5
3. 내가 필요하다고 하면 아무리 큰돈이라도 마련해준다	1	2	3	4	5
4. 함께 있으면 내가 그들에게 필요한 가치 있는 존재라고 느껴진다	1	2	3	4	5

5. 내가 하고 있는 일에 자부심을 가질 수 있도록 나의 일을 인정해준다	1	2	3	4	5
6. 함께 있으면 친밀감을 느낄 수 있다	1	2	3	4	5
7. 나의 문제를 언제나 기꺼이 상담해준다	1	2	3	4	5
8. 배울 점이 많은 존경할 만한 사람들이다	1	2	3	4	5
9. 자신이 직접 도움을 줄 수 없을 때에는 다른 사람을 보내서라도 나를 돕는다	1	2	3	4	5
10. 내가 마음 놓고 믿고 의지할 수 있는 사람들이다	1	2	3	4	5
11. 내가 잘했을 때(좋은 결과를 얻었을 때) 칭찬을 아끼지 않는다	1	2	3	4	5
12. 나를 인격적으로 존중해준다	1	2	3	4	5
13. 무슨 일이건 보상을 바라지 않고 최선을 다해 도와준다	1	2	3	4	5
14. 내가 어려운 상황에 처했을 때 현명하게 문제를 해결할 수 있는 방안을 제시해준다	1	2	3	4	5
15. 내가 의논할 문제가 생길 때마다 기꺼이 나를 위해 시간을 내주고 응해준다	1	2	3	4	5
16. 항상 나의 일에 관심을 갖고 걱정해준다	1	2	3	4	5
17. 내가 몰랐던 사실을 일깨워주고 확실하게 해준다	1	2	3	4	5
18. 내가 결단을 못 내리고 망설일 때 결정을 내리게끔 자극을 주고 용기를 준다	1	2	3	4	5
19. 내가 현실을 이해하고 사회생활에 잘 적응할 수 있도록 건전한 충고를 해준다	1	2	3	4	5
20. 내가 필요로 하는 물건이 있으면 언제나 빌려준다	1	2	3	4	5
21. 나의 의견을 존중해주고 대체로 받아들여준다	1	2	3	4	5
22. 나에게 생긴 문제의 원인을 찾아내는 데 도움이 되는 정보를 제공해준다	1	2	3	4	5
23. 내가 아플 때 나의 일을 대신해준다	1	2	3	4	5
24. 내가 기분이 상해 있을 때 나의 감정을 이해하고 기분을 전환시켜주려고 노력한다	1	2	3	4	5
25. 내가 어떤 선택을 해야만 할 때 합리적 결정을 내리도록 조언을 해준다	1	2	3	4	5

문17) 배우자의 폭력 행동을 최초로 경험한 이후 귀하가 상담소 혹은 보호 시설에 도움을 요청하기까지 시간은 얼마나 걸렸습니까?

1. 최초 폭력을 경험한 직후

2. 최초 폭력 발생 이후 1년 미만

3. 최초 폭력 발생 이후 1~3년

4. 최초 폭력 발생 이후 4~5년

5. 최초 폭력 발생 이후 6년 이상

6. 기타(적을 것: _____)

문18) 위와 같은 시간이 걸린 이유가 무엇입니까? 하나만 골라주십시오.

1. 배우자가 아는 것이 두려워서

2. 자녀 때문에

3. 어느 기관에 도움을 요청해야 할지 몰라서

4. 도움을 요청해도 별 도움이 될 것 같지 않아서

5. 도움을 요청하는 것이 창피해서

6. 기타(적을 것: _____)

문19) 귀하는 배우자의 폭력을 경찰에 신고한 적이 있습니까?

1. 예 → 문 19-1)~문19-6)에 응답

2. 아니오 → 문 19-7)에 응답

문19-1) 몇 번 신고하셨습니까?

　　　　_____번

문19-2) 경찰은 어떤 조치를 취했습니까?

　　1. 집안일이니 둘이서 잘 해결하라며 출동하지 않았다

　　2. 출동은 했으나 집안일이니 서로 잘 해결하라며 돌아갔다

　　3. 출동했으나 기록은 하지 않고 듣기만 했으며 접수시키겠다고 했다

　　4. 즉시 출동해 모든 상황을 기록하고 접수했다

　　5. 피해자 보호시설이나 병원으로 인도했다

　　6. 기타(적을 것: _____)

문19-3) 경찰이 개입했을 때 다음과 같은 조치가 있었는지 그 유무를 아래
　　　　표에 응답해주십시오.

문19-4) 더불어 각각의 조치가 얼마나 필요하다고 생각하는지도 선택해주
　　　　십시오.

내용	조치 유무		필요성			
	있음	없음	전혀 필요없다	필요없다	필요하다	매우 필요하다
1. 본인에 대해 안전 보호조치가 취해졌다	1	2	1	2	3	4
2. 자녀에 대해 안전 보호조치가 취해졌다	1	2	1	2	3	4

문19-5) 경찰에 신고한 후 배우자는 법적으로 어떤 조치를 받았습니까?

1. 아무런 조치를 받지 않았다

2. 접근 제한

3. 친권 행사 제한

4. 상담 위탁

5. 상담조건부 기소유예 → 문19-5-1)에 응답

6. 벌금

7. 보호관찰, 사회봉사 또는 교육 수강명령

8. 피해자보호명령제도

9. 감호 위탁 또는 치료 위탁

10. 교도소 수감 또는 징역형

문19-5-1) 배우자가 상담을 이수하셨습니까?

1. 예

2. 아니오

문19-6) 신고 이후에 배우자의 폭력에 어떠한 변화가 있었습니까?

1. 모든 폭력이 이전보다 늘었다

2. 이전과 달라진 게 없다

3. 모든 폭력이 이전보다 줄어들었다

4. 모든 폭력이 중단되었다

5. 신체 폭력은 줄었으나 언어/정서 폭력은 늘었다

문19-7) 경찰서에 도움을 요청하지 않았다면, 그 이유는 무엇입니까? 하나

만 골라주십시오.

1. 배우자의 보복이 두려워서

2. 배우자를 차마 신고할 수 없어서

3. 배우자가 전과자가 될까봐

4. 신고해도 소용이 없을 것 같아서

5. 집안일이 알려지는 것이 창피해서

6. 폭력이 심각하지 않다고 생각해서

7. 자녀들을 생각해서

8. 귀찮아서

9. 신고할 수 있다는 것을 몰라서

10. 기타(적을 것: _____)

Ⅴ. 배우자 관련 사항

문20) 배우자의 연령은 어떻게 됩니까?

　　　만 _____세

문21) 배우자의 학력은 어떻게 됩니까?

　　　1. 무학

　　　2. 초등학교 졸

　　　3. 중학교 졸

　　　4. 고등학교 졸

　　　5. 대학교 졸

　　　6. 대학원 졸

문22) 배우자의 직업은 어떻게 됩니까?

　　　1. 없음

　　　2. 관리직

　　　3. 전문직

　　　4. 사무직

　　　5. 서비스직

　　　6. 판매직

　　　7. 농업, 어업

8. 기능직

9. 단순 노무직

10. 기타(적을 것: _____)

문23) 배우자는 귀하 외의 다른 사람에게도 폭력을 행사합니까?

    1. 다른 사람에게는 행사하지 않음

    2. 다른 사람에게도 행사함 → 문23-1)로

※ 문23-1) 응답 후 문24)로 이동

문23-1) 배우자의 폭력 대상은 누구입니까? 모두 선택해주십시오.

    1. 자녀

    2. 배우자의 부모

    3. 배우자의 형제자매

    4. 나의 부모

    5. 나의 형제자매

    6. 배우자의 직장 후배

    7. 배우자의 직장 동료

    8. 배우자의 직장 상사

    9. 동네 사람

    10. 누구든지

    11. 기타(적을 것: _____)

문24) 앞으로 배우자와의 관계는 어떻게 하실 계획입니까?

    1. 배우자와 결혼 생활 지속 → 문24-1)로

    2. 별거 → 문24-3)으로

    3. 이혼 → 문24-3)으로

    4. 기타(적을 것: _____)

※ 문24-1), 문24-2) 응답 후 문25)로 이동

문24-1) 배우자와 결혼 생활을 지속하려는 가장 큰 이유는 무엇입니까? 한

      가지만 선택해주십시오.

    1. 배우자의 폭력이 개선될 것이라고 생각하기 때문

    2. 가정을 유지하고 싶어서

    3. 자녀들을 위해서

    4. (응답자의) 경제적인 능력이 없어서

    5. 배우자에 대한 애정이 아직 남아 있어서

    6. 이혼에 대한 사회의 시선이 두려워서

    7. 배우자의 위협 때문에

    8. 기타(적을 것: _____)

문24-2) 배우자와 결혼 생활을 지속하려면 귀하에게 어떤 서비스가 필요하

      십니까? 모두 선택해주십시오.

    1. 배우자의 폭력 재발 방지를 위한 상담 및 교육

2. 배우자의 음주 문제에 관한 치료 및 교육

3. 배우자 취업 지원

4. 본인의 취업 관련 훈련이나 취업 지원

5. 지속적인 치료 지원이나 건강 관련 프로그램

6. 부부 관계 개선 프로그램

7. 자녀 양육 지원(자녀와의 관계 강화, 자녀 양육 기술 프로그램 등)

8. 경제적 지원

9. 경찰의 신속하고 강력한 대응

10. 기타(적을 것: _____)

※ 문24-3), 문24-4) 응답 후 문25)로 이동

문24-3) 배우자와 별거나 이혼을 생각하시는 가장 큰 이유는 무엇입니까?

　　　하나만 선택해주십시오.

1. 더 이상 관계 유지가 어렵기 때문에

2. 폭력을 더 이상 견딜 수가 없기 때문에

3. 폭력 행동의 개선 가능성이 없기 때문에

4. 생명의 위협을 느끼기 때문에

5. 자녀들에게 피해가 미치는 것을 막기 위해서

6. 가족, 친척에게 피해를 주고 싶지 않아서

7. 기타(적을 것: _____)

문24-4) 배우자와 별거나 이혼을 하려면 귀하에게 어떤 서비스가 필요하십니까? 모두 표시해주십시오.

1. 경제적 지원

2. 취업 관련 훈련이나 취업 지원

3. 주거 지원

4. 심리·정서적 상담 지원

5. 지속적인 치료 지원이나 건강 관련 프로그램

6. 자녀 양육 지원(보육 서비스)

7. 자녀에 대한 지원(교육 지원, 심리상담 등)

8. 가해자의 접근 차단

9. 자립을 위한 대부 서비스(저리 대출)

10. 기타(적을 것: _____)

VI. 자녀 관련 사항

문25) 귀하의 자녀가 배우자로부터 폭력을 당한 적이 있습니까?

　　(자녀가 여러 명인 경우 한 명이라도 당했으면 '있음'임)

　　1. 없음 → 문27)로 이동

　　2. 있음

문26) 귀하의 배우자는 자녀에게 지난 1년(2012.9.1~2013.8.31) 동안 다음
　　과 같은 행동을 몇 번 정도 했습니까? 다음 각 문항별로 해당되는 번
　　호를 선택해주십시오.

문항	배우자가 자녀에게(지난 1년간)						
	없음	1회	2회	3-5회	6-10회	11-20회	20회 이상
1. 무엇이 잘못되었는지 설명해 주었다	0	1	2	3	4	5	6
2. '그만해'라고 말하거나 방으로 들어가 있도록 했다	0	1	2	3	4	5	6
3. 외출을 금지시켰다	0	1	2	3	4	5	6
4. 잘못된 행동을 대신할 다른 행동을 가르쳤다	0	1	2	3	4	5	6
5. 때리겠다고 위협했다	0	1	2	3	4	5	6
6. 욕설을 퍼붓거나 악담을 했다	0	1	2	3	4	5	6
7. 허리띠(벨트), 막대기 등으로 엉덩이를 때렸다	0	1	2	3	4	5	6
8. 손바닥으로 뺨이나 머리를 때렸다	0	1	2	3	4	5	6
9. 자녀를 잡고 던지거나 넘어뜨렸다	0	1	2	3	4	5	6
10. 주먹이나 발로 세게 때렸다	0	1	2	3	4	5	6

문항	없음	1회	2회	3-5회	6-10회	11-20회	20회 이상
11. 사정없이 때렸다	0	1	2	3	4	5	6
12. 목을 졸랐다	0	1	2	3	4	5	6
13. 고의적으로 화상을 입혔다	0	1	2	3	4	5	6
14. 칼, 가위 등으로 위협했다	0	1	2	3	4	5	6
15. 자녀의 식사를 제때에 잘 챙겨주지 않았다	0	1	2	3	4	5	6
16. 치료가 필요할 때 병원에 데리고 가지 않았다	0	1	2	3	4	5	6
17. 술이나 약물에 취해서 자녀를 돌보지 않았다	0	1	2	3	4	5	6
18. 어른과 함께 있어야 하는 상황임에도 불구하고 혼자있게 했다	0	1	2	3	4	5	6

문-27) 귀하는 자녀에게 지난 1년(2012.9.1~2013.8.31) 동안 다음과 같은 행동을 몇 번 정도 하셨습니까? 다음 각 문항별로 해당되는 번호에 응답해주십시오.

문항	귀하가 자녀에게(지난 1년간)						
	없음	1회	2회	3-5회	6-10회	11-20회	20회 이상
1. 무엇이 잘못되었는지 설명해 주었다	0	1	2	3	4	5	6
2. '그만해'라고 말하거나 방으로 들어가 있도록 했다	0	1	2	3	4	5	6
3. 외출을 금지시켰다	0	1	2	3	4	5	6
4. 잘못된 행동을 대신할 다른 행동을 가르쳤다	0	1	2	3	4	5	6
5. 때리겠다고 위협했다	0	1	2	3	4	5	6
6. 욕설을 퍼붓거나 악담을 했다	0	1	2	3	4	5	6
7. 허리띠(벨트), 막대기 등으로 엉덩이를 때렸다	0	1	2	3	4	5	6

8. 손바닥으로 뺨이나 머리를 때렸다	0	1	2	3	4	5	6
9. 자녀를 잡고 던지거나 넘어뜨렸다	0	1	2	3	4	5	6
10. 주먹이나 발로 세게 때렸다	0	1	2	3	4	5	6
11. 사정없이 때렸다	0	1	2	3	4	5	6
12. 목을 졸랐다	0	1	2	3	4	5	6
13. 고의적으로 화상을 입혔다	0	1	2	3	4	5	6
14. 칼, 가위 등으로 위협했다	0	1	2	3	4	5	6
15. 자녀의 식사를 제때에 잘 챙겨주지 않았다	0	1	2	3	4	5	6
16. 치료가 필요할 때 병원에 데리고 가지 않았다	0	1	2	3	4	5	6
17. 술이나 약물에 취해서 자녀를 돌보지 않았다	0	1	2	3	4	5	6
18. 어른과 함께 있어야 하는 상황임에도 불구하고 혼자 있게 했다	0	1	2	3	4	5	6

문28) 귀하가 생각하시기에, 자녀에게 우선적으로 필요한 지원은 무엇이라고 생각하십니까? 한 가지만 골라주십시오.

　　1. 특별히 없음

　　2. 학업 지원

　　3. 상담·심리치료

　　4. 교우 관계 지원

　　5. 용돈 등 경제적 지원

　　6. 기타(적을 것: _____)

VII. 가정폭력 관련 법·제도·서비스 인식

문29) 다음은 가정폭력의 예방 및 근절을 위한 다양한 방안들입니다. 각 항목별로 필요하다고 생각되는 정도를 응답해주십시오.

항목	전혀 필요 없음	필요 없음	그저 그렇다	필요함	매우 필요함
1. 남성을 대상으로 직장 내에서 가정폭력 예방 교육이 실시되어야 한다	1	2	3	4	5
2. TV 공익광고를 통해서 가정폭력 관련법과 서비스를 홍보해야 한다	1	2	3	4	5
3. 가정폭력 발생 시 신고를 받고 출동한 경찰은 반드시 수사를 해야 한다	1	2	3	4	5
4. 가정폭력 발생 시 가해자는 반드시 경찰, 검찰, 법원에서 처벌받아야 한다	1	2	3	4	5
5. 가정폭력 재범자에 대해서는 가중 처벌해야 한다	1	2	3	4	5
6. 가정폭력 가해자는 반드시 교정치료프로그램(상담, 교육 등)을 받아야 한다	1	2	3	4	5
7. 가정폭력 발생 가정에 대해서는 사후 관리 서비스를 제공해야 한다	1	2	3	4	5

문30) 다음은 최근에 도입된 가정폭력 초기 대응 과정에서의 피해자 보호를 위한 제도들입니다. 모르고 있으면 모른다, 알고 있으면 안다에 응답해주십시오.

내용	안다	모른다
1. 경찰이 가해자를 48시간 동안 격리시킬 수 있는 긴급임시조치권	1	2

	동의한다	동의하지 않는다
2. 피해자가 법원에 가해자와의 격리 등을 요청할 수 있는 피해자보호명령제도	1	2
3. 경찰이 가해자의 부동의에도 불구하고 집안에 들어갈 수 있는 현장출입조사권	1	2

문31) 다음은 사법 체계 개선 방안들입니다. 각 문항별로 동의 여부를 응답해주십시오.

내용	동의한다	동의하지 않는다
1. 가해자에 대한 체포 우선주의를 도입해야 한다	1	2
2. 피해자에게 의사를 묻지 않고 가해자를 처벌해야 한다	1	2
3. 가해자에 대한 상담보다 처벌이 강화되어야 한다	1	2

문32) 귀하는 가정폭력을 감소시키기 위해 어떠한 정책이 필요하다고 생각하십니까? 다음 중 가장 필요하다고 생각하는 정책을 순서대로 세 가지만 선택해주십시오.

1순위		2순위		3순위	

1. 폭력 허용적 사회 문화의 개선(대중매체에서 폭력적·선정적 내용의 규제 등)

2. TV 등 공익광고를 통해서 관련 법 및 서비스 홍보

3. 복지관, 주민자치센터 등 접근이 쉬운 곳에서의 가정폭력 예방교육 실시

4. 가중 처벌 등 가해자에 대한 법적 조치 강화

5. 상담, 교육 등 가해자의 교정치료프로그램 제공

6. 경찰의 신속한 초기 대응 및 수사

7. 가정폭력피해자에 대한 보호 및 자립지원 제공(상담, 의료, 주거 등)

8. 기타(적을 것: _____)

문33) 귀하께서는 가정폭력 예방을 위한 효과적인 홍보 방법은 무엇이라고 생각하십니까? 다음 중 가장 효과적이라고 생각하는 홍보 방법을 순서대로 세 가지만 말씀해 주십시오.

1순위		2순위		3순위	

1. TV/라디오의 공익광고

2. 인터넷 등의 통신매체

3. 버스/지하철 광고

4. 신문/잡지

5. 여성 단체/상담 기관 발행 자료, 소식지

6. 반상회보/구청 소식지

7. 대형 전광판

8. 병원, 대형마트 등 대중 시설에서의 광고

9. 기타(적을 것: _____)

Ⅷ. 서비스 이용 및 수요(1) - 보호시설 거주자만 응답

안내문: 문34)~문40) 까지는 '보호시설'에 거주하는 경우에만 응답합니다. 상담소 이용자는
　　　　문41)로 이동해 주십시오.

문34) 귀하는 보호시설에 입소한 지 얼마나 되었습니까?

　　　　　＿＿＿＿＿＿개월 ＿＿＿＿＿＿일

문35) 귀하가 현재 이용 중인 보호시설에 입소하게 된 이유는 무엇입니까?

　　　해당되는 이유를 모두 선택해주십시오.

　　　1. 배우자의 폭력으로부터 벗어나기 위해서

　　　2. 치료 및 상담이 필요해서

　　　3. 갈 곳이 없어서

　　　4. 향후 대책을 마련하고 지원을 받기 위해서

　　　5. 기타(적을 것: ＿＿＿＿＿＿＿＿＿＿＿＿＿＿＿＿＿＿＿)

문36) 귀하는 현재 이용 중인 보호시설을 어떻게 알게 되었습니까? 해당되
　　　는 경로를 모두 선택해주십시오.

　　　1. 매스컴(신문, 라디오, 인터넷, TV)을 통해서

　　　2. 가족, 친구, 친척, 이웃 등의 권유로

　　　3. 사회복지 기관을 통해서

　　　4. 공공 기관(경찰, 검찰, 법원 등)을 통해서

5. 가정폭력 관련 상담 기관을 통해서

6. 1366의 안내를 받고

7. 원스톱(one-stop) 지원 센터의 안내를 받고

8. 의료 기관을 통해서

9. 기타(적을 것: _____)

문36-1) 귀하가 보호시설에 입소하기 전에 다음의 가정폭력 피해자 지원 서비스에 대해 알고 있었습니까? 각 항목별로 아래 표에 안다/모른다를 선택해주십시오.

문36-2) 더불어 보호시설에 입소하기 전에 다음의 각 서비스를 이용해본 적이 있었습니까? 각 항목별로 아래 표에 이용한 적 있다/없다를 선택해주십시오.

항목	36-1) 인지도		36-2) 이용 여부	
	안다	모른다	이용한 적 있다	이용한 적 없다
1. 가정폭력 피해자 상담소	1	2	1	2
2. 여성긴급전화 1366(가정폭력 피해자를 위한 365일 24시간 운영되는 긴급상담전화)	1	2	1	2
3. 여성폭력 원스톱(one-stop) 지원 센터 (가정폭력 피해자에 대해 상담-의료-수사-법률지원의 24시간 운영하는 지원 센터)	1	2	1	2
4. 대한법률구조공단의 무료 법률구조 등 가정폭력관련 법률 서비스	1	2	1	2
5. 의료비 지원 및 의료 서비스(가정폭력과 관련된 진단서 발급, 의료비 지원 등)	1	2	1	2
6. 가정폭력 피해자 보호시설(쉼터)	1	2	1	2
7. 공동생활가정(그룹홈)	1	2	1	2

8. 국민임대주택 우선 입주	1	2	1	2
9. 직업훈련, 취업 지원 등 자립 지원	1	2	1	2
10. 피해자의 아동 취학 지원	1	2	1	2
11. 가정폭력 예방교육(가정폭력관련법 등)	1	2	1	2

문37) 귀하는 가정폭력과 관련해 현 보호시설 입소 전에 다른 보호시설에 있었던 경험이 있습니까?

1. 예

2. 아니오 → 문38)로 이동

문37-1) 몇 번이나 됩니까?

_____회

문37-2) 총 입소 기간은 얼마나 됩니까?

_____개월 _____일

문37-3) 과거에 이용한 보호시설에서 귀하에 대해 사후 관리가 제공되었습니까?

1. 아니오

2. 예(구체적 내용: _____)

문38) 귀하는 현재 보호시설에 자녀와 함께 입소했습니까?

    1. 예 → 문40-1)로 이동

    2. 아니오 → 문40-2)로 이동

문40-1) 함께 입소한 자녀의 성별 및 나이를 적어주십시오.

    자녀1: 성별 _____, 나이 _____세

    자녀2: 성별 _____, 나이 _____세

    자녀3: 성별 _____, 나이 _____세

    자녀4: 성별 _____, 나이 _____세

문40-2) 만약 보호시설에 함께 오지 못한 자녀가 있는 경우, 그 이유는 무엇
입니까?

_____

문39) 귀하가 보호시설에 계시는 동안 제공받기를 원하는 서비스는 어떤 것
입니까? 아래 보기 중에서 순서대로 세 가지만 골라주십시오.

1순위		2순위		3순위	

    1. 개별 상담 및 치료

    2. 집단 상담 및 교육

    3. 부부 상담 및 가족 상담(교육이나 캠프 포함)

    4. 가정폭력 대처 교육(자기주장 훈련/의사소통 교육 등)

5. 예술, 체육 프로그램

6. 법률 관련 상담, 지원, 연계

7. 의료비 지원 및 의료 기관 연계

8. 사회복지 기관 정보 제공 및 연계

9. 가정폭력 피해자 자조 모임

10. 자녀 양육 관련 서비스(육아 장비, 탁아 시설 등)

11. 자녀 학업 관련 서비스(학습 지원, 학비 지원 등)

12. 자녀에 대한 심리정서 상담이나 집단 프로그램

13. 취업 지원(구직, 창업 관련 정보 제공, 취업 알선 등)

14. 기타(적을 것: _____)

문40) 귀하가 퇴소 이후 자립하는 데 필요하다고 생각되는 서비스를 아래

보기 중에서 순서대로 세 가지만 골라주십시오.

1순위		2순위		3순위	

1. 개인 상담 지원

2. 자조그룹

3. 의료 지원

4. 직업의식 교육

5. 직업훈련과 교육

6. 취업 알선

7. 자립 지원금

8. 자녀 학비 지원

9. 빈곤 가정 생활비 지원

10. 임대 주택 등 주거 지원

11. 기타(적을 것: _____)

IX. 서비스 이용 및 수요(2) - 상담소 이용자만 응답

안내문: 문41)~문45) 까지는 상담소 이용자만 응답합니다. 보호시설 거주자는 문46-1)로 이동해주십시오.

문41) 귀하는 현재 배우자와 함께 살고 계십니까?

　1. 예 → 문41-1)로 이동

　2. 아니오

문41-1) 배우자와 함께 살고 계시다면, 배우자의 폭력에서 벗어나기 위해 어떤 것들이 필요한지 우선순위대로 세 가지만 선택해주십시오.

1순위		2순위		3순위	

　1. 의식주가 제공이 되는 안전한 주거 지원

　2. 취업 알선

　3. 치료 및 상담 지원

　4. 의료적 지원

　5. 자녀의 학업 지속 등 자녀 관련 지원

　6. 친정 등 주위 사람들의 안전

　7. 가해자에 대한 처벌

　8. 기타(적을 것: ＿＿＿＿＿＿＿＿＿＿＿＿＿＿＿＿＿＿)

문42) 귀하가 현재 이용 중인 상담소를 찾게 된 가장 주된 이유는 무엇입니까? 한 가지만 선택해주십시오.

1. 법률 상담을 받기 위해서

2. 치료 및 상담이 필요해서

3. 배우자의 폭력 행동을 고칠 방법을 찾기 위해서

4. 필요한 정보를 얻기 위해서

5. 기타(적을 것: _____)

문43) 귀하는 현 상담소를 어떻게 알게 되었습니까? 해당되는 것을 모두 선택해주십시오.

1. 매스컴(신문, 라디오, 인터넷, TV)을 통해서

2. 가족, 친구, 친척, 이웃 등의 권유로

3. 사회복지 기관을 통해서

4. 공공 기관(경찰, 검찰, 법원 등)을 통해서

5. 가정폭력 관련 상담 기관을 통해서

6. 1366의 안내를 받고

7. 원스톱(one-stop) 지원 센터의 안내를 받고

8. 의료 기관을 통해서

9. 기타(적을 것: _____)

문43-1) 상담소에 오기 전에 다음과 같은 가정폭력 피해자 지원 서비스에 대해 알고 있었습니까? 각 항목별로 아래 표에 모른다/안다를 선택해주십시오.

문43-2) 또한 상담소에 오기 전에 각 서비스를 이용해본 적은 있었습니까? 각 항목별로 아래 표에 이용한 적 있다/없다를 선택해주십시오.

공공 서비스 항목	43-1)인지도		43-2)이용 여부	
	안다	모른다	이용한 적 있다	이용한 적 없다
1. 가정폭력 피해자 상담소	1	2	1	2
2. 여성긴급전화 1366(가정폭력 피해자를 위한 365일 24시간 운영되는 긴급상담전화)	1	2	1	2
3. 여성폭력 원스톱(one-stop) 지원 센터(가정폭력 피해자에 대해 상담-의료-수사-법률지원의 24시간 운영하는 지원 센터)	1	2	1	2
4. 대한법률구조공단의 무료 법률구조 등 가정폭력 관련 법률 서비스	1	2	1	2
5. 의료비 지원 및 의료 서비스(가정폭력과 관련된 진단서 발급, 의료비 지원 등)	1	2	1	2
6. 가정폭력 피해자 보호시설(쉼터)	1	2	1	2
7. 공동생활가정(그룹홈)	1	2	1	2
8. 국민임대주택 우선 입주	1	2	1	2
9. 직업훈련, 취업 지원 등 자립 지원	1	2	1	2
10. 피해자의 아동 취학 지원	1	2	1	2
11. 가정폭력 예방교육(가정폭력관련법 등)	1	2	1	2

문44) 현 상담소에 오기 전에 가정폭력 관련 다른 상담소에서 상담을 받아

　　　보신 적이 있습니까?

　　　1. 예 → 문44-1)로 이동

　　　2. 아니오

문44-1) 몇 번이나 됩니까?

　　　_____회

문44-2) 과거 이용한 상담소에서 귀하에 대한 사후 관리가 제공되었습니까?

　　　1. 아니오

　　　2. 예(구체적 내용: _____)

문45) 귀하가 이용 중인 상담소에서 제공받기를 원하는 서비스는 어떤 것들

　　　인지 순서대로 세 가지만 선택해주십시오.

1순위		2순위		3순위	

　　　1. 개별 상담 및 치료

　　　2. 집단 상담 및 교육

　　　3. 부부 상담 및 가족 상담(교육이나 캠프 포함)

　　　4. 가정폭력 대처 교육(자기주장 훈련/의사소통 교육 등)

　　　5. 예술, 체육 프로그램

　　　6. 법률 관련 상담, 지원, 연계

7. 의료비 지원 및 의료 기관 연계

8. 사회복지 기관 정보 제공 및 연계

9. 가정폭력 피해자 자조 모임

10. 자녀 양육 관련 서비스(육아 장비, 탁아 시설 등)

11. 자녀 학업 관련 서비스(학습 지원, 학비 지원 등)

12. 자녀에 대한 심리·정서 상담이나 집단 프로그램

13. 취업 지원(구직, 창업 관련 정보 제공, 취업 알선 등)

14. 기타(적을 것: _____)

X. 응답자 일반 사항

문46-1) 교육 수준(중퇴 포함)

    1. 무학

    2. 초등학교 졸

    3. 중학교 졸

    4. 고등학교 졸

    5. 대학교 졸

    6. 대학원 졸

문46-2) 결혼 상태

    1. 혼인 중(법률혼)

    2. 동거(사실혼)

    3. 별거

    4. 이혼

    5. 이혼소송 중

    6. 기타(적을 것: _____)

문46-3) 결혼(동거) 기간

    _____년 _____개월 정도

문46-4) 종교

  1. 없음

  2. 기독교

  3. 불교

  4. 천주교

  5. 기타(적을 것: _____)

문46-5) 장애 유무

  1. 없음

  2. 있음 (장애 유형: _____, 장애 등급: _____급)

문46-6) 현재 직업 유무

  1. 없음

  2. 있음

문46-7) 현재 직종(직업 있는 경우에 한함)

  1. 관리직

  2. 전문직

  3. 사무직

  4. 서비스직

  5. 판매직

6. 농업, 어업

7. 기능직

8. 단순 노무직

9. 전업주부

10. 기타(예: 아르바이트 등 _____)

문46-8) 가족 수(응답자 본인 제외)

_____명

문46-9) 자녀 수와 나이

1. 자녀 없음

2. 1명(나이: _____)

3. 2명(나이: _____, _____)

4. 3명(나이: _____, _____, _____)

5. 4명 이상(나이: _____, _____, _____, _____, _____, _____)

문46-10) 월평균 가계소득

1 소득 없음

2. 100만 원 미만

3. 100만 원 이상~200만 원 미만

4. 200만 원 이상~300만 원 미만

5. 300만 원 이상~400만 원 미만

6. 400만 원 이상~500만 원 미만

7. 500만 원 이상

※ 가계소득은 전 가구원의 근로소득, 사업소득, 재산소득 및 이전소득 등의 합계로 지난 1년간 (2012.9~2013.8) 세금 납부(공제) 전의 월평균 총 가계소득을 표시해주십시오.

문47) 귀하는 현재 직업을 갖기 전에(현재 무직이라면 무직 전에) 직업이 있었

습니까?

1. 관리직

2. 전문직

3. 사무직

4. 서비스직

5. 판매직

6. 농업, 어업

7. 기능직

8. 단순 노무직

9. 전업주부

10. 기타(예: 아르바이트 등 _____)

문48) 귀하는 위에서 응답한 과거 직장에서 얼마나 오래 일했습니까?

1. 1년 이내

2. 1년에서 2년

3. 3년 이상

4. 5년 이상

5. 기타(적을 것: _____)

※ 끝까지 응답해주셔서 감사합니다. 마지막으로, 기관 유형과 응답 일시를 적어주십시오.

조 사 후 기 록

■ 기관 유형   1. 보호시설   2. 상담소

■ 응답 일시   ___월 ___일 ___시 ___분 ~ ___시 ___분까지 (___분간)
            (반드시 실제 응답 소요 시간을 적어주십시오.)

기관 ID			
검증원		검증원 ID	

지은이

정춘숙 /
jchounsook@hanmail.net
중앙대학교 사회개발대학원 사회복지학과 졸업(석사)
강남대학교 사회복지전문대학원 졸업(박사)
전 한국여성의전화 상임대표
전 국가인권위원회 성차별조사위원
전 법무부 여성정책심의위원회 위원
전 학교법인 오산학원 이사
전 KBS 시청자위원회 위원
현 대법원 양형위원회 자문위원
현 비례대표제포럼 운영위원
현 새정치민주연합 혁신위원회 위원
현 서울시 성평등위원회 위원
현 시민이 만드는 헌법 운동본부 상임공동대표
현 여성인권을 지원하는 사람들 이사
현 지식협동조합 좋은나라 여성분과장
현 한국여성수련원 이사
현 한국여성의전화 이사

저서
『성폭력을 다시 쓴다: 객관성, 여성운동, 인권』(공저, 2003)
『왜 여성주의 상담인가: 역사, 실제, 방법론』(공저, 2005)
『여성주의적 가정폭력쉼터: 운영의 실제』(공저, 2008)
『가정폭력: 여성인권의 관점에서』(공저, 2009)

한울아카데미 1833

가정폭력에서 벗어나기
성평등 의식과 자립의지

ⓒ 정춘숙, 2015

지은이 | 정춘숙
펴낸이 | 김종수
펴낸곳 | 도서출판 한울
편집책임 | 김진경
편 집 | 김영은

초판 1쇄 인쇄 | 2015년 10월 15일
초판 1쇄 발행 | 2015년 10월 30일

주소 | 10881 경기도 파주시 광인사길 153 한울시소빌딩 3층
전화 | 031-955-0655
팩스 | 031-955-0656
홈페이지 | www.hanulbooks.co.kr
등록번호 | 제406-2003-000051호

Printed in Korea.
ISBN 978-89-460-5833-0 93330

* 책값은 겉표지에 표시되어 있습니다.